KB215175

하나님나라 관점으로 다니엘 읽기

멋진 믿음 멋진 인생

하나님나라 관점으로 다니엘 읽기

멋진 믿음 멋진 인생

Copyright ⓒ 도서출판 목양 2019

개정판 1쇄 인쇄 2019년 7월 5일

지은이 이종필
펴낸이 정성준
펴낸곳 도서출판 목양

    등록 2008년 3월 27일 제 2008호-04호
    주소 경기도 용인시 처인구 양지면 양지리 38-2
    전화 070-7561-5247 팩스 0505-009-9585
    홈페이지 www.mokyangbook.com
    이메일 mokyang-book@hanmail.net

ISBN 979-11-86018-74-3 (03230)

A Kingdom-Faith makes a Great Life

멋진 믿음
멋진 인생

하나님나라 관점으로 다니엘 읽기

이종필 지음

어느 순간에도 굴하지 않는 멋진 믿음이
영원히 빛나는 멋진 인생을 빚어낸다!

목양

서문

하나님나라 관점으로 다니엘 읽기
『멋진 믿음 멋진 인생』 개정판을 펴내며

　　2008년 말 강의하던 학교에서 종강파티를 하다가 학생들에게 요청을
받았습니다. 만학도도 섞여 있었던 신학생들 중 몇 명이 그동안 써 놓은
글이 있으면 정리해 달라고 저를 압박했던 겁니다. 떠밀려서 알았다고
답하고, 정리하기 시작한 글이 바로 이 책이 되었습니다. 원고가 다 정
리될 때쯤 출판사 사장님을 우연히 만나게 된 것은 분명 세상과 저를 다
스리시는 하나님의 계획이 진행되는 과정이었습니다. 그렇게 2009년 저
는 졸지에 무자격(?) 저자가 되었습니다. 10년이 흘렀고 10권의 단행본
과 6권의 교재에 제 이름이 들어갔으니 원고를 정리하는 수고를 아시는
분이라면 제가 글재주도 없는데 얼마나 고생을 했을까 짐작하실 겁니
다.

2009년까지 제가 책을 낼 것이라고 생각한 적은 한 번도 없습니다. 그럼에도 계속 글을 쓰고 교재를 만든 것은 복음을 좀 더 깊고 포괄적으로 이해하고 전하기 위해서였습니다. 하나님나라 관점으로 복음이 무엇인지 정리하고, 같은 관점으로 성경 전체를 어떻게 이해해야 되는지 제안하고, 같은 관점으로 성경관통과 제자훈련 교재도 펼쳐내고, 교회를 어떻게 개척하고 세워가야 하는지 정리하다보니 어느덧 첫 책의 개정판을 내게 되었습니다. 하나님나라 관점으로 다니엘 읽기라는 부제도 달았습니다. 정말 하나님께 감사할 따름이며, 저의 삶에 개입하셔서 완고한 저를 다스리시는 하나님을 신뢰하지 않을 수 없습니다. 여전히 하나님나라를 살아가는 기쁨과 긴장이 제 인생을 풍성하게 채워가고 있습니다.

이방 나라에 포로로 잡혀가서도 멋지게 살아갔던 다니엘은 하나님나라를 살아갔던 모델로서 현대 사회에 가장 적절합니다. 우리는 모든 것이 성경과 멀어져버린 세상에서 살고 있습니다. 포스트모던의 물결은 사회 전체를 온통 점령했습니다. 성경과 기독교적 가치관은 세상에서 웃음거리가 되고, 정서적 학대와 비난의 대상이 되었습니다. 우리는 분명 바벨론에서 벨드사살이라는 이름을 가지고 살아갈 수밖에 없었던 다니엘과 너무나 유사한 상황에 처해 있습니다. 하지만 하나님께서는 자기 백성이 신실할 때에도 신실하지 않을 때에도, 예루살렘에서 살아갈 때에도 이방 땅에서 포로로 살아갈 때에도 자신의 계획을 이뤄가시는 분입니다. 이스라엘의 신실하지 못함에도 불구하고, 로마의 핍박에도 불구하고 예수 그리스도를 통해 이 땅에 하나님나라를 성취하신 하나님께서 여전히 이 땅을 다스리고 계십니다.

하나님께서 지금도 이 땅의 주인이시며 하나님을 신실하게 믿고 따르는 이들을 보호하신다는 사실을 나누며 믿음을 키워가길 소망합니다. 다니엘과 세 친구들의 이야기 속에 담겨 있는 메시지는 우리들이 이 땅을 살아가는데 놀라운 에너지가 될 것입니다. 또한 다니엘에게 하나님께서 주신 하나님나라의 묵시적 환상들이 실현되어 온 세상에 세워진 교회들을 보면서 우리는 하나님께서 완성하실 하나님나라를 눈으로 보듯 확신하게 될 것입니다. 다니엘을 통해 제시되는 믿음이 우리의 현실에 답을 줄 것이며, 그 믿음을 닮아 살아가다 보면 우리가 상상할 수 없는 멋진 인생이 펼쳐지게 될 것입니다.

세상의 미래와 우리의 내일은 죄로 가득한 우리의 뜻대로 되지 않습니다. 멋진 인생은 우리가 계획하고 그리는 것이 아닙니다. 세상이 주입하는 야망을 품고, 우리의 욕망이 이끄는 대로 달려가면 파멸이 있을 뿐입니다. 다니엘은 멋진 인생을 계획한 적이 없습니다. 오히려 믿음을 지키기 위해 인생을 포기하는 것처럼 보일 때도 있었습니다. 그러나 어렸을 때 나라의 멸망으로 전혀 예측할 수 없는 낯선 땅에 던져짐에도 믿음으로 하나님나라를 살아가다보니 멋진 인생이 주어졌던 것입니다. 하루하루를 하나님의 계획과 뜻을 묵상하며 살아갈 때 전혀 예상치 못한 모습으로 우리에게도 멋진 인생이 선물로 찾아올 것입니다. 다니엘에게도 그랬듯이 우리에게도 과정 속에서 적들의 위협과 수많은 유혹들이 있을 것입니다. 그러나 하나님의 말씀은 언제나처럼 우리를 이 세상을 넘어 세상을 다스리시는 하나님께로 인도하십니다. 이 시대를 분별하면서 말씀 속에 나를 위치시키고, 선한 영적 싸움을 피하지 않는다면 사자굴에서도 풀무불에서도 건지신 하나님께서 우리를 위해 확실한 표적을 보여주실 것입니다. 이 책이 작은 용기를 주어 선한 영적 싸움에 임하게 될 이들에게, 특히 젊은 세대들에게 하나님께서 여전히 이 세상을 다스리시는 놀라운 표적이 경험되어지길 기대합니다.

2019년 3월
강남 한복판에서
하나님나라를 꿈꾸며 살아가는
이종필 목사

목차

01
당당히 승리하는 믿음

다니엘은 뜻을 정하여 왕의 음식과 그가 마시는 포도주로
자기를 더럽히지 아니하리라 하고 자기를 더럽히지 아니하도록
환관장에게 구하니 (다니엘 1:8)

여러분은 박쥐 이야기를 다 아실 것입니다. 아주 먼 옛날 들짐승과 날짐승 사이에 무서운 싸움이 벌어졌습니다. 박쥐는 어느 편에 붙을까 망설이다가, 이기는 쪽에 붙기로 했습니다. 그는 들짐승이 이길 것 같을 때는 사자에게 찾아가서 들짐승의 편이 되어 싸우겠다고 하다가, 날짐승이 이길 것 같을 때는 다시 독수리에게 찾아가서 날짐승의 편이 되어 싸우겠다고 했습니다. 싸움이 끝난 후 결국 박쥐의 행각은 들통이 났고, 박쥐는 평생 동굴에 숨어 밤에만 돌아다니게 되었다는 이야기입니다.

물론 웃고 넘어갈 수 있는 우화입니다. 하지만 이 세상을 살아가는 성도는 박쥐와 같은 모습을 보이기 쉽습니다. 우리에게는 성도의 모습도 있고, 세상 사람과 같은 모습도 있기 때문입니다. 우리가 만약 박쥐와

같이 성도로 사는 것이 유리할 때는 성도인 척 하다가, 세상 사람으로 사는 것이 유리할 때는 성도인 것을 숨기고 살아간다면 그것은 바로 박쥐와 같은 믿음입니다. 박쥐와 같은 믿음은 하나님께서 기뻐하지 않으시며, 세상 사람들도 위선적이라고 배척하는 것입니다.

그렇다면 성도로 살아가든지 세상 사람으로 살아가든지 둘 중 하나를 택해야 합니다. 계산을 해 보면 이렇습니다. 성도로 살아가자니 세상 가운데서 믿음을 지키려면 힘든 일이 많을 것 같고, 세상 사람으로 살아가자니 영원한 생명을 누릴 수 없을 것 같고 참으로 선택하기가 어렵습니다. 이것이 성도의 고민입니다.

다니엘과 벨드사살 사이에서

다니엘은 바벨론에 잡혀가게 되었습니다. 그는 믿음이 담긴 그의 이름 다니엘 대신에 '벨드사살'이라는 새로운 이름을 얻게 되었습니다. 동일한 인물에게 붙여진 이 두 가지 이름은 죄악된 세상 가운데서 성도로 부름 받은 우리의 실존을 잘 설명해 주고 있습니다. 다니엘은 과연 어떤 삶을 살아야 할까요? 그는 다니엘로 살아야 할까요? 아니면 벨드사살로 살아야 할까요? 지금 상황은 분명 다니엘로서가 아니라, 벨드사살로 살아가는 것이 유리한 상황입니다. 다니엘이라는 이름에 맞게 믿음을 지키며 살아가는 것은 매우 힘들고 어려운 일로 보입니다.

벨드사살이라는 이름을 강요하는 바벨론에서 믿음을 지키며 다니엘의 정체성을 가지고 살아갈 것인가 아니면 벨드사살의 정체성을 가지고 살아갈 것인가? 이 고민은 이 세상 속에서 하나님께 부름 받아 새로운 삶을 살게 된 성도 모두의 고민입니다. 물론 우리는 다니엘로 살아야 한다고 답할 것입니다. 하지만 현실 속에서 이처럼 대답하기는 그리 쉬운 일이 아닙니다. 실제로 수많은 성도들이 다니엘로서가 아니라 벨드사살로 살아가고 있습니다. 세상의 법칙에 휘둘리며, 세상의 가치관에 순응하며, 세상 사람들이 원하는 대로 따라가고 있습니다. 왜냐하면 이 세상에 사는 동안에는 그것이 행복하고 편한 길인 것처럼 보이기 때문입니다.

세상 속의 그리스도인은 두 가지의 법칙 사이에서 갈등하며 살아갑니다. 이 세상의 삶의 방식과 성경이 가르치는 삶의 방식은 곳곳에서 부딪힙니다. 사실 이 두 삶의 방식이 늘 반대되는 것은 아닙니다. 성도의 삶의 방식으로 살아갈 때 세상 속에서도 유익한 경우가 있습니다. 하지만 우리는 때로 이 두 삶의 방식 사이에서 선택을 해야 하는 순간에 봉착하게 됩니다. 우리가 어떤 선택을 하는가는 박쥐의 선택보다 훨씬 더 중요합니다. 우리의 선택에 따라 우리의 삶은 전혀 다른 결과에 이르게 될 것이기 때문입니다.

어떤 것이 가장 좋은 선택일까요? 물론 성도의 삶의 방식을 택해야 합니다. 하지만 세상에 당당히 맞서 승리하는 삶을 살아가려면 어떻게 해야 할까요? 어떻게 하면 이 세상의 요구에 'NO'라고 말하면서 타협하지 않는 멋진 믿음을 소유할 수 있을까요? 어떻게 하면 하나님이 기뻐하시는 길을 가면서도 세상 사람들 앞에 당당할 수 있을까요? 그런 멋진 믿음이란 어떤 것일까요? 바로 이 질문들에 대한 해답이 다니엘의 말씀에 담겨 있습니다.

다니엘은 구약 성경을 통틀어 가장 멋진 믿음의 승리 중 한 장면을 보여줍니다. 전혀 다른 믿음을 강요하는 바벨론에서 그 땅의 학문과 언어를 배우면서도, 결코 눈치를 살피지 않고 자신의 길을 걸어가는 멋진 다니엘의 믿음은 그를 멋진 인생으로 만들었습니다. 우리는 그의 믿음의 행동을 세 단계로 분석해 볼 수 있습니다.

뜻을 정하고 집중하기

먼저 다니엘은 믿음을 지키기 위해 뜻을 정합니다.

> 다니엘은 뜻을 정하여 왕의 음식과 그가 마시는 포도주로 자기를 더럽히지 아니하리라 하고 (단 1:8)

어떤 일이든 성공하려면 선택의 순간에서 옳고 바른 것을 향하여 분명히 뜻을 정해야 합니다. 이것이 멋진 믿음으로 멋진 인생을 살아가는 첫 번째 단계입니다.

우리가 뜻을 정하는 순간에 중요하게 생각해야 할 것은 '무엇에 근거하여 뜻을 정하는가' 하는 것입니다. 다니엘은 무엇에 근거하여 자신의 뜻을 정하였을까요? 명확히 나와 있지 않지만, 분명 과거에 하나님의 말씀으로부터 배운 것에 근거하여 자신의 뜻을 정하였을 것입니다. 우리가 뜻을 정하는 데에 먼저 중요하게 고려해야 할 것은 하나님의 말씀으로부터 배우고 확신한 것에 근거하여 뜻을 정해야 한다는 것입니다. 어떤 것이 유리할까? 어떤 것이 당장의 위기를 모면해 줄까? 어떤 것이 편한 것일까? 어떤 것이 경제적 유익을 줄까? 어떤 것이 나를 돋보이게 할까? 이런 기준으로 판단하여 행동의 방향을 정하면 그 인생은 결국 실패할 수밖에 없습니다. 바울은 그의 제자 디모데에게 권면합니다.

> 그러나 너는 배우고 확신한 일에 거하라 너는 네가 누구에게서 배운 것을 알며
> (딤후 3:14)

바울은 말세가 가깝고 때가 악할수록 더욱 배우고 확신한 바 하나님의 말씀을 기준으로 삼아 뜻을 정해야 할 것을 가르쳤습니다. 우리가 나 자신의 당장의 유익을 기준으로 삼고, 이 세상에서 보고 들은 것을 기준으로 삼게 되면 분명 잘못된 방향으로 뜻을 정하게 될 것입니다. 우리는 먼저 말씀을 배우고 그것을 기준으로 삼아 행동의 방향을 정하는 일에

최선을 다해야 할 것입니다.

이렇게 한 방향으로 뜻을 정하고 그것에 집중하게 되면 해야 할 일과 하지 말아야 할 일이 선명하게 결정됩니다. 사실 이렇게 뜻을 분명히 정하면 인생에서 고민하고 갈등하는 시간이 사라집니다. 성공하는 사람들은 대부분 집중의 대가입니다. 갈등하고 방황하며 시간을 낭비하면 열심히 살아가는 것 같지만 중요한 일에 집중하지 못합니다. 그렇게 집중하지 못하고 살아가면 인생의 성공은 있을 수 없습니다. 뜻을 정하고 나면 분명히 나아갈 방향이 정해지기 때문에 더 이상 방황하지 않을 수 있습니다. 뜻을 정하지 못하고 갈팡질팡하는 사이에 우리에게 주어진 소중한 기회의 시간들이 모두 지나가 버리고 만다는 사실을 명심해야 합니다. 바울은 영적 전쟁에서 승리하기 위해서 가장 먼저 해야 할 것으로 '진리로 너희 허리띠를 띠라'고 말합니다.

그런즉 서서 진리로 너희 허리 띠를 띠고 의의 호심경을 붙이고 (엡 6:14)

여기서 '허리띠를 띠라'는 말은 '너풀거리는 옷을 정돈하여 고정시키라'는 말인데, 이 말은 전쟁에 나가 싸울 수 있도록 집중하라는 말입니다. 그 집중하는 수단으로 제시된 것은 바로 '진리'입니다. 진리에 근거하여 뜻을 정하고 집중하면 영적 싸움에서 승리하는 멋진 인생을 살게 된다는 것입니다. 다니엘은 이렇게 뜻을 정했고, 그에 집중하였습니다.

이것이 당당히 승리하는 멋진 믿음의 시작이었습니다.

뜻에 반하는 것은 과감히 포기하기

다니엘은 하나님의 뜻을 따라 살겠다고 뜻을 정하고 그것에 집중하였습니다. 그러면 다음 단계로 그가 한 일이 무엇입니까? 그것은 '왕의 진미와 그의 마시는 포도주'를 포기하는 일이었습니다. 뜻을 정했으면, 그 뜻에 맞지 않는 것은 과감히 포기할 수 있어야 합니다.

그 당시 다니엘이 바벨론에서 공부하고 바벨론식의 이름으로 불리는 것은 어쩔 수 없는 것이었습니다. 다니엘은 그 상황 속에서 자신이 하나님의 뜻을 따라 살아가기 위해서 무엇을 포기해야 할 것인가를 생각하였습니다. 그가 결정한 것은 바로 왕의 진미와 그의 마시는 포도주를 거부하는 일이었습니다.

당시 고대 근동국가에서 왕의 진미를 먹는 것은 왕과 왕이 섬기는 신에게 충성을 다하고 의지하겠다는 약속을 상징하는 것입니다. 다니엘도 이 사실을 잘 알고 있었습니다. 그래서 다니엘은 자신에게 주어지는 음식을 포기했던 것입니다. 이것은 참으로 어려운 일이었으며, 위험한 일이기도 했습니다. 하지만 왕의 진미와 포도주는 그가 정한 뜻을 확고히 실행하기 위해서 반드시 포기해야 할 것이었습니다. 다니엘은 이 포기를 통해 하나님을 따라 살기로 한 자신의 뜻을 지킬 수 있었고, 그 뜻을 남들에게 드러낼 수 있었습니다. 나아가 하나님의 도우심을 구할 수 있게 되었습니다. 그가 바벨론의 모든 것을 즐겼다면, 결코 하나님의 도우심을 구하지 않았을 것이며, 어떤 놀라운 믿음의 체험도 할 수 없었을 것입니다.

다니엘은 바벨론의 학문을 배우고, 그 땅에서 살아야 하는 현실을 거부하지는 않았습니다. 그것은 피할 수 없는 현실이었고, 하나님께서 그에게 살아가도록 주신 환경이었습니다. 하지만 그는 우상을 섬기는 그 나라의 믿음에 동화되지 않기 위하여 스스로 자신에게 주어지는 좋은 것들을 포기했던 것입니다.

믿음으로 승리하는 멋진 인생을 살기 위해 뜻을 정한 사람에게는 반드시 포기해야 할 것이 따릅니다. 왕의 진미와 포도주는 이 세상의 각종 유혹들을 뜻합니다. 다니엘은 그것들에 길들여지기를 거부합니다. 그것들에 길들여지면 하나님보다 그것들을 더 소중히 여기게 될 것이 분명하기 때문입니다. 다니엘이 왕의 진미와 포도주를 기꺼이 포기할 수 있는 이유는 그것들을 포기하더라도 하나님께서 더욱 멋진 인생을 살게 해 주실 것이라는 확고한 믿음이 있었기 때문입니다.

뜻을 정한 삶에는 포기해야 할 대가가 따릅니다. 하지만 그 포기가 우리의 삶을 비극적으로 만들지 않습니다. 오히려 그 포기가 우리의 삶을 아름답게 합니다. 세상 사람들이 누리는 것을 모두 누리면서 하나님을 따라 사는 것은 불가능합니다. 우리는 세상에서 주어지는 것들을 포기함으로 뜻을 확고히 할 수 있습니다.

유명한 아시시의 프란시스는 아버지의 부를 상속받을 수 있는 권리를 포기하고 하나님을 따르기로 결단하였습니다. 모세는 바로의 왕이라 칭함을 거절하고 왕자의 모든 신분과 권리를 포기하면서 하나님을 따르기로 뜻을 정했습니다. 누구든지 하나님을 바라보며 인생의 뜻을 정하고, 그것에 반하는 것을 포기할 수 있다면, 그 뜻을 이루는 삶을 살게 될 것입니다.

뜻을 이룰 수 있는 창의적인 대안 제시하기

다니엘이 보여주는 가장 훌륭한 모습은 그가 다른 사람에게 끌려가지 않고 스스로 창의적인 대안을 제시했다는 사실입니다. 뜻을 정하고, 무엇을 포기할 것인가 결정했다 하더라도, 세상 속에서 자신의 뜻을 이룰 수 있는 창의적인 대안을 제시한다는 것은 매우 어려운 일입니다. 대안을 제시하지 못하고 마음속에만 뜻을 품고 있으면, 그것은 사라지고 맙니다.

다니엘은 왕의 진미와 그가 마시는 포도주로 자신을 더럽히지 않겠다고 뜻을 정했습니다. 그리고 그것을 실행할 수 있는 대안을 자신을 관리하고 있는 환관장에게 제안합니다. 그는 결코 자신의 뜻을 말하는 것을 두려워하지 않았습니다. 하나님께서 도우실 것을 믿기 때문에 당당했습니다. 그는 열흘 동안 시험하여 절제된 채식을 한 후에 다른 사람들과 비교하여 달라고 제안했습니다. 그는 그렇게 환관장을 설득하고도 남을 만한 지혜로운 제안을 통해 자신의 뜻을 세울 수 있는 기회를 얻게 됩니다.

다니엘의 제안은 —하나님께서 도와주신다면 자신의 뜻을 지킬 수도 있고 동시에 자신을 담당하고 있는 환관장도 곤경을 겪지 않을 수 있는— 매우 지혜롭고 합리적인 제안이었습니다. 자신이 풍성한 음식을 포기하는 것이므로 주변 사람들에게도 전혀 손해될 것이 없었습니다.

이 세상에서 하나님을 믿고 세운 뜻과 결정을 이루는 삶을 살려면 수동적이거나 소극적이어서는 안됩니다. 하나님의 뜻을 따르는 멋진 삶을 살기 위해 우리는 적극적으로 세상을 향해 창의적인 대안을 제시해야 합니다. 세상의 눈치를 보고 무엇이 유리할까 얄팍하게 계산하여 세상에 끌려가는 것이 아니라, 창의적으로 새로운 대안을 제시하고 세상이 따라올 수 있도록 해야 합니다. 무조건 거부하는 것은 뜻을 이루기에 부족합니다. 자신의 유익을 위해 이기적인 태도를 갖는 것은 욕을 먹기 딱 알맞습니다. 믿음으로 당당히 승리하는 인생을 살기 위해서는 세상 사람들이 납득할 만하면서도 하나님의 뜻을 지킬 수 있는 창의적인 대안을 마련해야 합니다. 우리는 하나님께서 도우실 것을 믿고 때로는 모험을 감수해야 합니다. 그 결과로 우리는 하나님을 체험하게 됩니다.

우리는 이런 창조적인 대안을 세상에 제안하는 뛰어난 사람이 될 수 있습니다. 그저 고민하면서 생각에만 그치는 사람이 되면 곤란합니다. 하나님의 도우심을 믿고, 또한 하나님께서 능히 세상과 사람들을 설득할 수 있는 창의적인 대안을 주실 것을 믿고 지혜를 구하며 과감히 도전해야 합니다.

멋진 인생을 위하여

믿음으로 멋진 인생을 살아가는 사람과 그렇지 못하는 사람의 차이는 그리 큰 것이 아닙니다. 모든 성도들이 머리로는 어떻게 살아야 한다는 것을 알지만, 말씀에 따라 뜻을 정하는 사람은 많지 않습니다. 뜻을 정하고 무엇을 포기해야 할 줄 알지만, 그것을 과감히 포기할 수 있는 사람도 많지 않습니다. 모든 사람이 뜻을 정하며 포기할 것을 결정해도, 자신의 뜻을 이룰 수 있는 창의적인 대안을 낼 수 있는 사람은 더더욱 많지 않습니다. '작은 차이가 명품을 만든다'는 광고 문구도 있듯이, 우리가 말씀에 따라 뜻을 정하고, 과감히 세상의 유혹을 포기하며, 창의적인 대안을 제시하며 살아간다면, 뜻을 이루는 멋진 인생이 될 것입니다.

미래학자 엘빈 토플러는 '당신이 전략을 세우지 않으면 다른 사람의 전략의 일부가 될 뿐이다'라고 하였습니다. 우리가 세상을 향해 뜻을 세우고 대안을 제시하지 못하면, 오히려 세상을 호령하는 사탄의 전략의 일부가 될 수밖에 없습니다. 세상을 향해 뜻을 정하고, 그에 반하는 것은 과감히 내버리고, 세상을 향해 창조적인 대안을 제시하여 이 세상을 끌고 갈 수 있는 멋진 성도가 되길 소망합니다.

02
시대에 당당히 맞서라

그들 가운데는 유다 자손 곧 다니엘과 하나냐와 미사엘과
아사랴가 있었더니 환관장이 그들의 이름을 고쳐
다니엘은 벨드사살이라 하고 하나냐는 사드락이라 하고
미사엘은 메삭이라 하고 아사랴는 아벳느고라 하였더라 (다니엘 1:6~7)

다니엘은 자신의 나라가 멸망하게 되는 비극적인 시대에, 그 자신이 지배국의 포로로 잡혀가는 비극적인 인생을 살았던 사람입니다. 그는 충분히 자신의 인생을 비관하고 절망에 사로잡혀 살 수도 있었던 사람입니다. 하지만 그는 온 세상을 주관하시는 하나님을 믿고 당당히 그 시대를 이겨냈으며, 후대 성도들에게 신앙의 본을 보여주는 인생을 살았습니다. 멋진 믿음이 멋진 인생을 만들었던 것입니다. 나아가서 하나님께서 주신 지혜를 통해 깨닫게 된 온 세상의 미래를 우리에게 전해 주었습니다. 다니엘은 세상을 살아가는 우리 모두가 어떤 존재로 살아가야 하는지에 대해 가장 탁월한 해답을 제시해 주는 책입니다.

우연히 던져진 존재?

이 세상에는 다니엘과 같이 비극적인 시대를 살았던 사람이 많이 있었습니다. 프랑스의 대표적인 실존주의 철학자 장 폴 사르트르가 그 한 예입니다. 그는 1905년에 파리에서 태어났습니다. 두 살 때 아버지를 잃고 엄격한 외할아버지와 의붓아버지 밑에서 어린 시절을 보냈습니다. 그는 젊은 시절을 세계 대전의 소용돌이 속에 보냈으며, 나치 독일군에 포로로 잡혀 있다가 탈출하기도 했습니다.

그러한 그의 인생 경험은 그의 사상에 강한 영향을 미쳤습니다. 그는 '인간 존재의 우연성'이라는 개념을 그의 사상의 핵심으로 삼게 됩니다. 그는 하나님이 없다는 전제 하에, 모든 인간은 이 세상에 우연히 던져진 존재에 불과하다는 무신론적 실존주의 철학을 발전시켰습니다. 그는 모든 인간이 이 세상에 우연히 던져진 존재이기 때문에, 모든 개개인은 그 사실을 인정하고 특수한 자신들의 상황에서 삶의 의미를 발견해야 한다고 가르쳤습니다. 전쟁의 소용돌이 속에서 인생의 허무함을 느끼고 있었던 많은 사람들이 그의 사상에 동조하였습니다. 하지만 자신이 '이 세상에 우연히 던져진 존재'라고 인식할수록 사람들은 자신의 삶의 목적을 발견할 수 없게 되었습니다. 그들은 인생의 의미를 찾으려 노력했지만, 삶은 허무했고 의미가 없었습니다. 그들의 영혼은 점점 더 메말라 갔습니다. 이러한 사상에 영향을 받은 당대의 많은 문학작품들은 대부분 소망이 없고 암울하고 출구가 없는 인생을 묘사하고 있습니다. 하나님을 떠난 인간이 스스로 자신의 삶의 의미를 발견하는 것은 불가능했으며, 암울한 시대 상황은 모든 사람들을 더욱 절망적으로 만들어 버렸습니다.

사르트르가 살던 당시에 우리 한국도 어려운 상황에 있었습니다. 한국은 제국주의 열강들의 틈바구니에서 혼란을 겪다가 일제의 침략을 받아 조국을 잃고 암울한 시대를 보내고 있었습니다. 당시 일제에 점령당한 우리나라 사람들은 암울한 상황 속에서 인생의 의미를 찾아 얼마나 방황했을까요?

다니엘이라는 인물이 우리에게 놀라운 도전을 주는 것은 그가 세계 1, 2차 대전을 겪었던 사르트르의 동시대인들이나 일제 식민치하에서 고통당하던 한국 사람들처럼 암울한 시기를 살았음에도 불구하고, 그 시대에 당당히 맞서 믿음으로 이겨냈기 때문입니다. 뿐만 아니라 그 믿음의 지혜로 인류의 미래에 대한 하나님의 뜻을 깨닫고 전했기 때문입니다. 그는 결코 시대의 암울한 현실에 사로잡혀 무의미한 인생을 살아가지 않았습니다. 그는 확고한 믿음을 가지고 자신의 시대를 바라보면서, 자신의 민족과 하나님 나라를 위하여 자신의 해야 할 일을 열심히 감당한 위대한 인물입니다. 그는 후에 대제국의 정치 공무원이 되었지만, 어느 선지자들과 견주어도 뒤지지 않을 영적 지도자의 역할 또한 능히 감당했습니다.

다니엘이 처한 시대의 상황을 자세히 살펴보고 우리의 시대와 비교해 보면서, 우리가 성도로서 어떻게 이 시대를 살아가야 할 지 생각해 보도록 하겠습니다.

지도자가 타락한 시대

다니엘은 여호야김이라는 통치자가 잘못된 정치로 백성들을 어려움에 빠트렸던 시기에 살았습니다. 그의 본명은 '엘리야김'이었는데, 애굽 왕이 그 이름을 '여호야김'으로 고쳤습니다. 여호야김은 대략 B.C. 609년에서 598년까지 나라를 다스렸습니다. 하지만 그는 많은 죄악을 저질렀고, 하나님께서 보시기에 악한 왕이었습니다.

> 여호야김이 왕이 될 때에 나이가 이십오 세라 예루살렘에서 십일 년간 다스리니라 그의 어머니의 이름은 스비다라 루마 브다야의 딸이더라 여호야김이 그의 조상들이 행한 모든 일을 따라서 여호와 보시기에 악을 행하였더라 (왕하 23:36~37)

그는 이스라엘의 우상숭배와 도덕적 타락을 돌이킬 생각은 하지 않고, 애굽의 힘에 의지하여 신흥 강대국인 바벨론의 침입을 막아보려 했습니다.

당시 선지자였던 예레미야는 유다의 죄악을 경계하면서, 하나님의 심판이 바벨론에 의해 임할 것이므로 죄악을 돌이키며 회개해야 한다고 강력히 주장하였습니다. 그러나 여호야김은 죄악을 회개하고 하나님 앞으로 돌이킬 생각은 하지 않고, 오로지 국제 정세를 파악하여 위기를 모면하고자 하는 정책에만 골몰합니다. 그는 처음에 바벨론 왕 느부갓네살을 섬겼으나, 삼년 만에 그를 배신하고 애굽에 기대어 위기를 모면하려고 합니다. 이를 알게 된 느부갓네살이 여러 나라와 연합하여 이스라엘을 공격하였고, 이스라엘은 점차 멸망의 길을 걷게 됩니다.

> 여호야김 시대에 바벨론의 왕 느부갓네살이 올라오매 여호야김이 삼년 간 섬기다가 돌아서 그를 배반하였더니 여호와께서 그의 종 선지자들을 통하여 하신 말씀과 같이 갈대아의 부대와 아람의 부대와 모압의 부대와 암몬 자손의 부대를 여호야김에게로 보내 유다를 쳐 멸하려 하시니 이 일이 유다에 임함은 곧 여호와의 말씀대로 그들을 자기 앞에서 물리치고자 하심이니 이는 므낫세의 지은 모든 죄 때문이며 또 그가 무죄한 자의 피를 흘려 그의 피가 예루살렘에 가득하게 하였음이라 여호와께서 사하시기를 즐겨하지 아니하시니라 (왕하 24:1~4)

이렇듯 다니엘은 지도자의 잘못된 정치로 인하여 어려운 시대를 살게 되었고, 결국 나라를 잃고 포로로 잡혀가는 신세가 되었던 것입니다.

악한 지도자는 모든 일이 하나님의 섭리로 일어나는 것임을 깨닫지 못하고, 세상의 상황과 형편에 기대어 일합니다. 하나님의 말씀을 듣고 실천하면서 죄악을 멀리하고 정결한 삶을 살아가지도 않습니다. 따라서 그러한 지도자가 다스리는 공동체나 나라는 죄악이 가득하게 되며, 결국은 하나님의 책망과 징계가 필연적으로 따르게 되는 것입니다. 나라에 닥쳐온 위기가 죄악 때문이라는 선지자들의 가르침을 무시하고, 나라의 지도자조차 타락해 있는 다니엘의 시대는 참으로 암담한 시대였습니다. 다니엘은 이런 시대에 내던져진 사람이었습니다.

하나님의 진노의 시대

다니엘의 시대는 하나님께서 진노하시던 시대였습니다. 하나님께서 여호야김 왕과 하나님의 성전 기구까지 바벨론의 손에 넘기셨다고 기록되어 있습니다.

> 주께서 유다 왕 여호야김과 하나님의 전 그릇 얼마를 그의 손에 넘기시매 그가 그것을 가지고 시날 땅 자기 신들의 신전에 가져다가 그 신들의 보물 창고에 두 었더라 (단 1:2)

바벨론이 이스라엘을 침략하여 성전의 기구를 빼앗아 간 것은 하나님께서 이스라엘의 죄악에 대해 진노하여 그 징계가 시작되었다는 것을 의미합니다. 하나님께서는 노하시기를 더디 하시는 분이십니다.

> 여호와께서 그의 앞으로 지나시며 선포하시되 여호와라 여호와라 자비롭고 은
> 혜롭고 노하기를 더디 하고 인자와 진실이 많은 하나님이라 (출 34:6)

그러나 지도자부터 백성에 이르기까지, 하나님의 모든 백성이 하나님을 떠나 타락했던 이 시기는 하나님께서 징계를 내려 마음을 돌이켜야 했던 시기였습니다. 하나님께서는 노하기를 더디 하시는 인자하신 분이지만, 형벌을 받을 자는 사하지 아니하신다고 말씀하셨습니다.

> 여호와는 노하기를 더디 하시고 인자가 많아 죄악과 허물을 사하시나 형벌 받을
> 자는 결단코 사하지 아니하고 아비의 죄악을 자식에게 갚아 삼사 대까지 이르게
> 하리라 하셨나이다 (민 14:18)

하나님의 진노가 임한 시대는 진정한 회개가 필요한 시대입니다. 하지만 그 당시 어느 누구도 하나님의 진노를 깨닫지 못했고, 하나님께로 돌이키지 않았습니다. 예레미야 선지자는 이렇게 영적으로 무지한 백성들을 책망했습니다.

> 어리석고 지각이 없으며 눈이 있어도 보지 못하며 귀가 있어도 듣지 못하는 백
> 성 (렘 5:21)

회개하지 않는 백성을 향한 하나님의 진노가 폭발하는 시기에 '세상에 던져진' 다니엘의 운명은 참으로 위태로워 보입니다.

바벨론의 학문을 배우는 시대

이 시대에 다니엘과 세 친구들을 비롯한 많은 젊은이들은 바벨론으로 잡혀가게 되었고, 바벨론의 학문과 방언을 배워야 하는 상황에 처하게 되었습니다. 당시 바벨론은 문화와 학문이 꽃을 피운 나라였습니다. 그러나 그 나라의 학문과 방언은 다니엘이 배웠던 믿음과 매우 다른 내용의 사상을 담고 있었습니다. 바벨론의 학문과 방언은 우상의 문화와 세상의 삶의 방식을 주입하는 것이었고, 이것은 하나님의 백성들에게 매우 심각한 정체성의 혼란을 가져다 줄 수밖에 없었습니다. 바벨론에 잡혀온 유대 젊은이들은 믿음도 좋고 미래가 밝았던 사람들이었습니다. 바벨론의 포로정책은 이러한 젊은이들을 바벨론화하여 자신들의 나라를 위해 일하는 미래의 인재로 만드는 것이었습니다.

바벨론 사람들은 유대인들을 자신들의 문화와 믿음을 따르는 사람으로 바꾸려 하였습니다. 그들은 포로로 데려온 유대인들의 이름을 고쳤습니다. 새로운 이름 중에는 바벨론에서 섬기는 신의 이름이 들어가는 경우도 많았습니다. 다니엘과 친구들도 모두 새로운 이름을 갖게 되었습니다. 다니엘과 그 동료들은 나라를 빼앗겼을 뿐만 아니라, 하나님의 백성으로서의 정체성, 그리고 하나님을 섬기고 살아가던 성도의 삶의 방식까지 완전히 빼앗길 위기에 처하게 되었습니다. 다니엘 시대의 사람들은 이렇게 엄청난 위기 가운데 내던져진 것입니다.

우리의 시대

우리가 살고 있는 시대는 어떻습니까? 나라의 지도자들과 교회의 지도자들 중 진정한 지도자가 얼마나 됩니까? 많은 대한민국 국민들과 교회의 성도들은 고통을 당하고 있습니다.

이 시대의 죄악의 모습은 어떻습니까? 하나님께서 용납하실 수 있을까요? 우리의 이기심과 탐욕은 극에 달해 있으며, 도덕적 해이는 정도를 넘어섰습니다. 성경과 믿음으로 세워진 국가인 미국 역시 사정은 마찬가지입니다. 성경적 윤리는 사라지고, 인간의 욕망이 곧 진리가 되어가고 있습니다. 돈을 위해 서로 싸우고 죽이며 부모까지 버리는 시대, 인간에게 쾌락과 만족을 줄 수 있고 경제적으로 유익을 줄 수 있다면 무엇이든지 허용되는 시대에 우리는 살고 있습니다.

하나님은 어떤 마음을 가지고 이 시대를 바라보실까요? 하나님의 진리를 외치며, 이 시대의 죄악을 지적하는 사람들은 시대착오적인 사람으로 여겨지고 있습니다. 많은 자칭 그리스도인들은 믿음까지도 자신들의 욕망을 위한 도구로 사용하고 있습니다.

우리는 이 시대의 가르침과 사상에 물들어가고 있습니다. 우리는 서서히 사탄의 계략에 넘어가고 있는 것입니다. 우리는 인생의 의미와 목적을 상실하고 살아가고 있습니다. 세상의 물질과 쾌락이 우리에게 최고의 믿음의 대상이 되어 버렸습니다. 우리는 하나님의 피조물이라는 사실을 망각하고, 세상의 기준으로 자신을 평가하고 있습니다. 현 시대가 이렇듯 비극적인 시대가 되어가고 있는 것은 모두 하나님의 말씀이 아니라 세상의 가르침을 따라간 결과입니다. 이 시대는 하나님을 믿는다는 사람들조차도 자신들의 정체성을 잃어가고 있는 시대입니다.

시대를 당당히 맞서라

우리는 모두 이러한 시대에 던져져 있습니다. 이러한 시대에 우리는 어떻게 살아가야 합니까? 다니엘과 같은 믿음을 가지고 시대에 맞서야 합니다. 하나님께서 왜 우리를 이러한 시대에 존재하게 하셨는지 물어야 합니다. 다니엘 시대의 사람들은 절망 중에 던져진 존재처럼 보였지만, 하나님께서는 그들이 그 암울한 시대에 맞서 돌파구를 마련하기를 원하셨습니다. 다니엘은 기도하면서 시대에 맞서 믿음을 지켰으며, 자신을 향한 하나님의 뜻을 깨달았습니다. 그는 자신의 믿음을 정결하게 지키는 것을 뛰어넘어, 이방 땅에서도 하나님의 뜻을 알리는 놀라운 사명을 감당했습니다.

모든 것이 암울한 이 시대에 우리는 서 있습니다. 경제도 어렵습니다. 취업도 어렵습니다. 여러 가지 환난과 질병과 미래에 대한 두려움이 우리 앞에 있습니다. 하지만 우리는 이 시대를 탓하고 주저앉아서는 안

됩니다. 왜 이런 시대에 살게 되었을까 한탄하면서 시대를 비관해서도 안됩니다. '나는 참 운이 없는 사람인가 봐' 하고 탄식하며 인생을 보내서도 안됩니다.

우리는 하나님께서 우리를 이 시대 가운데 살게 하신 이유를 찾아야 합니다. 굳건한 믿음을 가지고 이 시대를 돌파해야 합니다. 하나님께서는 무엇을 위해 당신을 부르고 계신가를 깊이 생각해 보아야 합니다. 우리는 매일 하나님의 말씀을 통해 자신의 나아갈 길을 발견해야 합니다. 멋지고 아름다운 현실에 살고 있지 않다 하더라도 이 시대를 탓하고 자포자기해서는 안 될 것입니다.

이 시대에 사탄은 하나님의 뜻에 순종하며 살아가려는 사람들을 더욱 압박합니다. 다니엘 시대에 뛰어난 청년들을 바벨론의 학문으로 변질시키려 한 것처럼, 하나님 나라의 앞날을 책임질 인물들을 세상의 학문과 방언으로 마비시키고 있습니다.

사탄이 우리 구주 예수 그리스도까지 시험하려 했던 것을 기억해야 합니다. 사탄은 예수님까지 그 모든 능력을 스스로를 위해 사용하도록 유혹했으며, 백성을 위해 십자가에 희생하기 원하시는 하나님의 뜻에 순종하려는 마음을 빼앗으려 했습니다. 지금 이 시대에 사탄은 우리로 하여금 시대를 탄식하게 만들고 있습니다. 또한 많은 그리스도인들이 자신의 능력과 재능을 세상의 쾌락을 위해 사용하도록 유혹하며, 하나님의 뜻보다는 인간의 탐욕과 만족을 위해 살아가도록 시험하고 있습니다.

우리는 믿음으로 하나님께 나아가야 합니다. 어떻게 살아야 할지, 무엇을 하며 살아야 할지 하나님께 물어야 합니다. 믿음으로 당당히 시대를 극복하고, 하나님을 위해 열정을 가지고 일해야 합니다. 그렇지 않으면 우리는 모두 사탄의 노예가 될 수밖에 없습니다. 이제 다니엘과 같이 결단하는 일만 남았습니다. 하나님의 말씀을 붙들고 시대를 당당히 극복하는 멋진 믿음의 소유자들이 되시기를 축복합니다.

03
탁월함을 소망하라

하나님이 이 네 소년에게 학문을 주시고
모든 서적을 깨닫게 하시고 지혜를 주셨으니 다니엘은
또 모든 환상과 꿈을 깨달아 알더라 (다니엘 1:17)

MBC 방송국의 'W'라는 프로그램은 세계 곳곳에서 일어나고 있는 전쟁과 기아, 이로 인해 죽어가는 수많은 사람들과 교육의 기회조차 얻지 못하고 생계를 위해 위험을 무릅쓰고 노동에 시달리는 수많은 어린 아이들에 대해 이야기합니다. 또한 각종 미신에 사로잡혀 헛된 소망을 가지고 살아가는 수많은 미지의 영혼들을 보여줍니다. 이 방송을 시청할 때마다 이 세상에는 참으로 해야 할 일이 많이 있다는 것을 절감합니다. 그리고 앞으로 무엇을 할 수 있을 것인가 생각합니다.

한 때 베스트셀러가 될 만큼 많은 인기를 모았던, 탤런트 김혜자 씨가 쓴 〈꽃으로도 때리지 말라〉라는 책이 있습니다. 그 책에는 이런 내용이 있습니다. '바로 지금 이 순간에도 지구상에서는 4초마다 한 명의 아이가 전쟁과 기아로 죽어가고 있고, 매일 3만 5천 명의 아이들이 먹을 것이 없어 죽거나 전쟁터의 총알받이가 되고 있습니다. 그리고 2억 5천 명의 아이들이 고된 노동에 시달리고 있습니다. 언제까지 이 아이들을 고통받게 해야 할까요?' 그 책은 또한 '지금 세계 인구를 1백 명으로 축소시키면 50명은 영양부족, 20명은 영양실조이며, 그 중 한 명은 굶어 죽기 직전인데 15명은 비만'이라고 말합니다.

몇 년 전 보도를 통해서 아프리카의 많은 나라들의 상황을 들을 수 있었습니다. 아프리카의 많은 나라에서는 에이즈로 인하여 엄청난 사람들이 죽어가고 있고, 그로 인해 생긴 고아들이 또한 기근과 노역에 시달리고 있다고 합니다. 특이했던 것은 '악령 청소부'라는 관습입니다. 이 관습은 혼자가 된 과부나 부모를 잃은 고아 중 여자아이들이 악령 청소부라 불리는 남자와 성관계를 함으로 악령으로부터 자유로울 수 있다는 어처구니없는 것입니다. 이 관습으로 인해 에이즈는 더욱 확산되고 있다고 합니다. 유엔 보고서에 의하면 케냐 앙골라 등 사하라 남쪽 지역에만 에이즈 고아가 1천 6백만 명이나 있다고 합니다.

우리 한국에도 문제는 산적해 있습니다. 한국 사회 곳곳의 도덕적인 타락과 가정의 붕괴는 그 심각성이 유례가 없을 정도로 급속히 진행되고 있습니다. 이 시대의 수많은 청소년들이 미래의 꿈과 소망이 없이 살아가고 있습니다. 학교가 무너졌고, 교회들은 위기에 봉착해 있습니다.

지금까지 청년들에게 '당신은 살면서 무슨 일을 할 것인가'라고 질문하였습니다. 이에 대해 많은 성도들은 그저 평범하게 살고 싶다고 답합니다. 특별히 하고 싶은 일도 없고, 평안하게 살기만을 소망합니다. 하지만 하나님께서 우리에게 주신 이 세상은 많은 해야 할 일들로 가득 차 있습니다. 하나님께서는 복음으로 새롭게 된 성도들이 자신에게 주어진 환경에 굴복하지 않고, 하나님의 영광을 위해 큰 뜻을 품고 살아가기를 원하고 계십니다. 우리가 주의 복음을 받고도 그저 소시민적 행복과 여유를 꿈꾸면서 살아가는 것은 하나의 죄악이며 직무유기일 수 있습니다. 위에서 언급했듯이 이 세상에는 우리의 손길을 필요로 하는 곳이 너무나 많고, 하나님께서 우리에게 맡기고자 하시는 사명이 정말 다양하게 존재합니다. 예수님께서는 '하나님을 사랑하고 네 이웃을 네 몸과 같이 사랑하라'고 하셨는데 우리가 자신의 평안만을 추구한다면 그것은 옳지 않은 것입니다. 오히려 우리가 하나님을 향하여 뜻을 품고 맡겨주신 일을 감당하기 위해 탁월함을 소망한다면, 우리는 우리 자신의 평안을 뛰어넘어 많은 사람들에게 진정한 행복과 평안을 줄 수 있는 사람이 될 수 있을 것입니다.

탁월함을 얻은 다니엘

우리는 이미 다니엘이 험난한 시대를 살아가면서도, 자신의 평안과 안락을 위해 믿음을 저버리지 않았다는 것을 알고 있습니다. 다니엘은 하나님 앞에서 믿음을 지키려는 분명한 뜻을 품었고, 하나님께서는 그를 도우셨습니다. 그의 삶은 진취적이며 능동적이었습니다. 그는 믿음을 지키며 하나님과 민족을 위해 탁월한 삶을 살기로 했습니다. 그는 바벨론에서 자기 하나 정도는 얼마든지 편안하게 살 수 있는 기회를 얻을 수 있었습니다. 그는 바벨론의 관습과 믿음에 맞추어 얼마든지 소시민적 여유를 누릴 수 있었던 사람이었습니다. 하지만 그는 그렇게 상황에 굴복하지 않았습니다. 그는 적어도 하나님 앞에서 자신의 삶을 특별하게 만들어 보려고 노력했습니다.

하나님은 뜻을 정하고 탁월한 삶을 위해 도전하는 사람을 원하십니다. 하나님께서는 그러한 다니엘에게 탁월함을 허락하셨습니다.

> 하나님이 이 네 소년에게 학문을 주시고 모든 서적을 깨닫게 하시고 지혜를 주셨으니 다니엘은 또 모든 환상과 꿈을 깨달아 알더라 (단 1:17)

하나님께서는 뜻을 정하고 자신들의 안락함을 포기한 다니엘과 세 친구들에게 학문의 지혜와 영적 통찰력을 주셨습니다.

다니엘은 하나님 앞에서 큰 뜻을 품었기 때문에, 하나님의 도우심을 따라 열심히 학문을 연마했습니다. 다니엘은 바벨론이라는 자신에게 주어진 환경 속에서 주도적인 삶을 살아가기 위해 학문과 모든 자기 개발에 충실했습니다. 하나님께서는 그에게 누구에게도 뒤지지 않는 지혜를 공급하셨습니다. 바벨론의 느부갓네살 왕은 다니엘과 그의 세 친구들을 만나보고 그들의 지혜에 감탄을 금하지 못했습니다.

다니엘은 어려서부터 배운 하나님의 말씀을 바탕으로 기도하는 일을 쉬지 않았기 때문에 바벨론의 미래뿐만 아니라, 세상의 결말을 깨닫는 지혜가 넘쳤습니다. 하나님께서는 다니엘에게 환상과 꿈을 깨달아 알게 하셨습니다. 이것은 하나님께서 다니엘에게 세상을 하나님의 관점으로 이해하고 바라볼 수 있는 탁월한 영적 능력을 주셨다는 말입니다. 점성 술과 세상의 이치를 밝혀내는 각종 학문으로 가득했던 바벨론의 학자들 보다 다니엘이 더욱 지혜롭고 총명했다고 하는 것은 다니엘이 하나님의 시각으로 세상을 바라보고 모든 일을 해석할 수 있는 탁월한 영적 능력을 가졌다는 말입니다. 그는 결국 하나님의 나라만이 영원할 것을 분명히 깨닫고 있었기 때문에 미래를 내다보는 인생 설계를 할 수 있었습니다. 그는 하나님을 위해 큰 일을 감당하기 위해 영적으로도 세상적으로도 뒤지지 않는 탁월함을 갖출 수 있었습니다. 다니엘은 자신에게 주어진 환경 속에서 주도적인 삶을 살아가기 위해 학문과 모든 자기 개발에 충실하여 탁월한 삶으로 준비되어 갔습니다.

하나님께서는 우리에게 이러한 탁월함을 소망하도록 요구하십니다. 하나님께서는 하나님을 향하여 위대한 뜻을 품고 탁월함을 소망하며 노력하는 사람을 원하십니다. 아브라함도 자신의 고향과 안락한 삶을 버리고 하나님을 향해 여행을 떠났습니다. 모세도 왕궁의 평안함을 버리고 하나님을 향하여 뜻을 정했습니다. 사실 영적으로 탁월함을 소유했던 사람들은 하나님을 향해 뜻을 정하고 어려운 길을 감수했던 사람들입니다. 하지만 하나님을 향해 뜻을 정하고, 믿음을 위해 어려운 길을 감수했던 사람들은 모두 하나님께서 탁월함을 주셨습니다. 그들의 탁월함으로 인해 세상은 아름답게 변했습니다. 아브라함은 우리의 믿음의 조상이 되었고, 모세는 종살이하던 백성을 바로의 손에서 구해냈습니다. 다니엘은 민족의 시련 가운데 자신의 믿음의 정체성 뿐 아니라, 민족의 정체성을 살리는 선지자적 인물이 되었습니다.

탁월함을 소망하라

태어날 때부터 탁월한 사람은 없습니다. 하지만 하나님의 도우심으로 누구나 탁월한 삶을 살아갈 수 있습니다. 중요한 것은 세상을 따라 평범함을 꿈꾸지 말고, 하나님을 향해 탁월함을 소망해야 한다는 것입니다. 세상의 끝을 살아가는 현대의 성도들이 믿음을 지키면서도 이 땅에서 중요한 역할을 감당하면서 살아가려면 하나님께서 주시는 탁월함이 필요합니다.

이 시대는 그리스도의 사랑을 베풀 수 있는 탁월한 성도를 필요로 합니다. 점점 악해져만 가는 이 세상을 변화시키기 위해서는 이 시대의 학문과 영성보다 더 탁월한 실력과 영성을 소유해야 합니다. 세상보다 뛰어나지 않고는 세상을 변화시킬 수 없습니다. 실력에서도 영성에서도 뛰어나야 합니다. 따라서 우리는 탁월함을 소망하고, 하나님께서 주신 지혜로 세상을 주도해 나가야 합니다.

우리가 탁월함을 소망해야 하는 이유는 세 가지 정도로 정리해 볼 수 있습니다. 먼저 하나님께서는 우리에게 이 세상의 빛과 소금이 되며, 모든 족속을 제자 삼으라는 명령을 주셨습니다. 이 명령을 실천하며 살아가기 위해서는 다니엘과 세 친구가 소유했던 탁월한 지혜와 영성이 필요합니다. 하나님께서 우리를 죄 가운데서 부르신 이유는 우리가 죄인으로 세상의 쾌락을 쫓아 살아가지 않고, 세상이 보고 놀랄 정도의 실력과 탁월한 사랑의 영성으로 이 세상을 변화시키기 위해서입니다. 따라서 우리가 하나님을 향하여 뜻을 품고 기도하며 탁월함을 구할 때, 하나님께서는 우리 각자에게 필요한 지혜와 능력을 부어주십니다.

둘째로 하나님께서는 우리에게 놀라운 목적을 가지고 계시기 때문입니다. 일류 기업은 한 명의 탁월한 직원을 만들기 위해 엄청난 비용을 지불합니다. 공군은 전시에 수많은 적군을 일거에 소탕할 수 있는 최신 전투기를 조종할 수 있는 비행사 한 사람을 기르기 위해 수십억에 해당하는 비용을 들인다고 합니다. 하나님께서 왜 우리를 예수님의 피를 지불하시면서 구원하셨을까요? 그저 세상에 끌려 다니며 하나님의 이름을 부끄럽게 하는 박쥐같은 성도를 만들려고 그렇게 엄청난 비용을 지불하셨을까요? 그렇지 않습니다. 하나님께서는 우리를 탁월한 성도요, 이 세상을 변화시킬 수 있는 놀라운 인물로 만드시기 위하여 아낌없는 희생을 하셨던 것입니다. 모두 하나님께서 우리를 위해 하신 일을 깨닫고, 탁월함을 소망하시기 바랍니다.

마지막으로 우리는 우리 일생의 보람과 성취를 누리기 위해 탁월함을 소망해야 합니다. 우리의 삶은 육신적 안락함으로는 보람을 누릴 수 없습니다. 우리가 하나님께서 주신 지혜와 영성을 최대한으로 개발하여 하나님을 위해 사용할 때 진정한 보람과 성취를 느낄 수 있습니다. 우리는 우리 자신의 보람있는 삶을 위해서도 탁월함을 소망해야 합니다.

탁월함을 꿈꾸는 성도가 되십시오. 왜 나만 고생하며 살아야 합니까? 왜 나만 남들을 위해 희생해야 합니까? 이렇게 불평하지 마십시오. 우리가 고생하며 희생하는 것은 하나님의 영광과 나의 삶의 보람을 위해 치러야 할 약간의 비용에 불과합니다. 오히려 우리가 탁월함을 꿈꾸고 수고하여 하나님의 도우심을 얻게 된다면, 인생에서 절대 누릴 수 없는 행복을 누릴 수 있습니다. 주어진 삶의 모든 기회를 이용하여 하나님 앞에 탁월한 사람으로 쓰임 받기를 소망하시고, 아름다운 삶의 열매를 거두시기를 주님의 이름으로 축복합니다.

04
위기의 시대를 대처하는 법

이에 다니엘이 자기 집으로 돌아가서 그 친구 하나냐와 미사엘과
아사랴에게 그 일을 알리고 하늘에 계신 하나님이
이 은밀한 일에 대하여 불쌍히 여기사 다니엘과 친구들이
바벨론의 다른 지혜자들과 함께 죽임을 당하지 않게 하시기를
그들로 하여금 구하게 하니라 (다니엘 2:17~18)

삼성경제연구소의 〈CEO, 성공과 실패의 조건〉이라는 보고서를 보면, 최근 사회는 다양한 업종 간의 무한 경쟁과 글로벌 합종연횡, 신흥 경쟁자들의 부상 등 많은 외부적인 변화의 요소들 때문에 경영의 불확실성이 매우 가중되고 있는 추세라고 합니다. 가히 이 시대는 급변하는 시대라고 말할 수 있으며, 그만큼 모든 일에 변수가 많고 위험성 또한 커지고 있습니다. 기업의 수명이 짧아짐에 따라 직장을 잃게 되는 사람들이 많이 생겨납니다. 몇 달 후도 예측할 수 없는 사회의 변화가 모든 사람들의 삶을 불안정하게 만들고 있습니다. 청소년들이 대학을 결정할 때 생각했던 사회의 모습은 그들이 취업할 때 더 이상 존재하지 않습니다.

이렇게 사회 환경이 급변하고 사회적 리스크가 커질수록 기업에서는 CEO의 역할이 중요해지고, 나라에서는 지도자들의 위치가 중요해진다고 합니다. 특히 변화가 큰 사회일수록 관행과 시스템보다는 리더의 결단이 더욱 중요해집니다. 따라서 기업과 나라의 생사를 결정하기 위해 중요한 결단을 자주 해야 하는 지도자들은 큰 스트레스에 시달리게 됩니다. 각자의 삶을 영위해 나가는 모든 개개인 역시 급변하는 사회 환경에서 자주 위기의 순간을 경험하게 되며, 인생을 바꿔놓을 만한 중요한 결단을 해야 하는 시기들이 자주 찾아오게 됩니다. 이렇게 사회가 급변하는 상황에서 개인의 삶은 항상 불안할 수밖에 없습니다. 언제 어떤 변화가 닥칠지 모르는 데 대한 스트레스는 클 수밖에 없습니다. 그러한 스트레스를 잘 대처하지 못하면 여러 가지 정신적이고 육체적인 질병들에 시달리게 됩니다.

이러한 시대를 우리는 위기의 시대라고 부를 수 있을 것입니다. 성실하게 자신의 역할만 감당하면 되는 시대는 끝났습니다. 너무나 많은 외부적인 요인들이 개인의 운명에 영향을 미치고 있습니다. 현대 사회는 개인에게 많은 결정들을 요구하고, 사람들은 점점 힘겨워하게 되는 것입니다. 이렇게 급변하는 위기의 시대에 우리는 어떻게 살아가야 하는 것일까요? 우리는 어떻게 대처해야 하는 것일까요? 이 시대를 주도하는 믿음의 승리자가 되기 위해서는 말씀을 통해 위기에 대처하여 승리하는 법을 배우는 것이 필수적입니다. 이 시대 사람들은 많은 지식을 소유하고 있으나, 급변하는 사회를 살아가며 언제 찾아올지 모르는 위기에 대처하는 지혜를 갖추지 못하고 있는 경우가 많습니다. 국가의 지도자들은 미래를 예측하지 못하고 나라를 위기에 빠트리고 있으며, 많은 개인들은 위기에 직면했을 때 자살과 같은 극단적 행동을 선택하고 있습니다. 이런 상황에서 다니엘 말씀은 우리에게 정말 필요한 지혜를 제공하고 있습니다.

위기에 처한 다니엘

믿음으로 왕의 음식을 거부하고도 하나님께서 주신 건강과 지혜로 승승장구하던 다니엘은 바벨론의 왕 느부갓네살이 왕위에 오른 지 2년이 되던 해에 꾸게 된 꿈으로 엄청난 위기에 처하게 됩니다. 느부갓네살 왕은 자신이 꾼 꿈으로 인해서 불안과 두려움과 번민에 휩싸이게 되었습니다. 그는 잠도 이루지 못한 채 자신이 꾼 꿈의 의미에 대해 고민합니다. 결국 그 꿈을 무시하고 넘어갈 수가 없었던 그는, 자신의 꿈을 해석하기 위해서 그 나라의 석학과 현인들을 모두 왕궁으로 불러들였습니다.

느부갓네살은 바벨론의 석학과 현인들에게 도저히 납득이 가지 않는 명령을 내리게 됩니다. 그는 먼저 꿈의 내용을 말해주지도 않고, 신하들에게 꿈의 내용과 그 해석까지 모두 말하라는 명령을 내렸습니다. 그가 너무나 큰 충격에 사로잡혀 꿈의 내용에 대해 말할 수 없는 상황이었는지, 아니면 정확하게 기억을 하면서도 말을 하지 않은 것인지는 확실하지 않습니다. 확실한 것은 왕의 꿈이 왕 자신에게 그만큼 엄청난 충격을 주었다는 것입니다. 이러한 왕의 행동은 신하들을 매우 당황스럽게 했습니다. 더욱이 왕은 그 꿈의 내용을 말하고 해석하지 못하면 모두를 죽여버리겠다고 강력하게 위협하였습니다. 그 말을 들은 바벨론의 박사들은 왕의 명령은 해결할 수 없는 것이라고 말했고, 왕은 분노를 이기지 못하고 모든 바벨론의 박사들과 현인들을 다 죽이라고 명했습니다. 물론 다니엘과 세 친구들도 모두 죽을 수밖에 없는 위기에 처하게 되었습니다.

사실 개개인의 삶에 찾아오는 대부분의 위기는 이처럼 외부적인 요인에서 발생합니다. 개개인이 예측하고 막을 수 있는 것이 아니라 불가항력적으로 발생하는 것이 대부분이라는 것입니다. 다니엘의 위기는 우리에게 발생할 수 없는 특별한 일이라 생각할 수도 있지만, 사실 우리 모두는 이와 유사한 많은 위기들을 겪으며 살아가고 있습니다. 이러한 위기에 처하게 되었을 때, 너무나 억울할 수도 있습니다. 스스로 운이 굉장히 나쁜 사람이라고 생각할 수도 있습니다. 하지만 우리가 기억할 것은 이러한 인생의 위기는 우리의 삶에 필연적으로 찾아온다는 사실입니다. 중요한 것은 이러한 위기의 상황을 우리가 어떻게 대처하여 해결할 것인가 하는 것입니다.

명철하고 슬기로운 말로

다니엘은 극도의 위기의 순간에서도 결코 당황하지 않고 명철하고 슬기로운 말로 왕의 장관에게 일의 정황을 묻고 모든 상황을 파악하는 일에 주력하였습니다. 그는 결코 당황하거나 운명을 탓하지 않았습니다. 그는 냉정하게 대처하면서, 왕에게 자신이 모든 문제를 해결할 수 있도록 시간을 달라고 요청하였고 기회를 얻었습니다. 사실 다니엘에게 특별한 해결책이 있거나 미리 준비된 답안이 있었던 것은 아니었습니다. 하지만 다니엘은 이러한 위기의 상황에서도 신중하고 사려 깊은 모습으로 문제를 해결할 방법을 찾아내기 위해 시간을 확보하였다는 것을 주목해야 합니다.

다니엘은 친구들에게 명철하고 슬기로운 말로 상황을 전했습니다. 명철과 슬기를 나타내는 말로 독일어 Verstand와 Einsicht라는 단어가 사용되었는데, 이 말들은 합리적이고 이성적인 판단과 통찰력을 의미합니다. 이 단어들은 다니엘이 감정적인 대처를 하지 않고 침착하고 대범하게 문제에 대처하였으며, 위기의 상황에서도 냉철하고 사려 깊은 통찰력을 가지고 상황을 판단하려 했다는 것을 의미합니다. 그러한 그의 이

성적 판단과 통찰력은 바벨론의 많은 사람들과 자신에게 닥친 문제를 해결하기 위한 대책을 마련할 수 있는 지혜를 얻게 하였습니다.

많은 사람들은 위기의 순간에 당황하고, 감정적인 대처를 하게 되어 더욱 큰 위기를 유발합니다. 하지만 다니엘은 참으로 대범하고 냉철합니다. 위대한 지도자다운 용기가 있습니다. 다니엘이 이렇게 위기의 순간을 대처하는 놀라운 태도를 가질 수 있었던 것은 무엇 때문이었을까요? 바로 하나님께서 모든 문제의 해결책을 가지고 계신다는 신뢰와 믿음이 있었기 때문이었습니다. 모든 문제를 해결하는 지혜가 하나님께 있다는 것을 확실히 믿은 다니엘은 왕의 무모하고도 어리석은 명령이 자신에게 가져다 줄 엄청난 비극을 두려워하지 않고, 정확한 판단력과 통찰력을 가지고 문제에 대처할 수 있었던 것입니다.

우리 모두에게는 위기에 대처하는 냉철한 판단력과 통찰력이 필요합니다. 이러한 것들을 얻기 위해서는 모든 것의 근원되시는 하나님을 경험하며, 신뢰를 쌓아 나가야 합니다. 하나님께서 모든 지혜의 근원이시며 모든 일의 주관자 되심을 확실히 믿어야 합니다. 이러한 신뢰와 확신은 하루아침에 주어지지 않습니다. 작은 것부터 하나님께 맡기는 믿음의 연습이 필요합니다. 작은 위기가 닥칠 때부터 기도하는 훈련을 해 나가야 합니다. 그렇게 훈련이 되면, 어떤 인생의 위기도 당당히 헤쳐 나갈 수 있는 사람이 될 수 있습니다.

그 동무에게 그 일을 고하고

세상에는 홀로 해결할 수 있는 문제가 많지 않습니다. 위기의 순간에는 더욱 그렇습니다. 많은 평범한 사람들은 위기의 순간에 홀로 생각하고 판단하다가 일을 그르치는 경우가 많습니다. 사람은 위기에 빠지면 상황을 객관적으로 바라보지 못합니다. 진흙구덩이에 빠진 송아지가 스스로 빠져나오려고 몸부림치다가 더욱 깊이 빠져버리는 모습을 상상해 보십시오. 위기에 빠진 개인은 이렇게 스스로 경솔한 판단을 내리거나 극단적인 선택을 하여 위기를 더욱 크게 만드는 경우가 많습니다.

다니엘의 모습을 보십시오. 그는 위기 앞에서 믿음의 친구들과 여러 가지 이야기를 나누었습니다. 그렇게 주어진 상황에 대해 정확히 나누면서 다니엘은 더욱 극단적인 행동과 경솔한 판단을 피하고 위기를 해결할 수 있는 올바른 방법을 찾아낼 여유를 얻게 되었습니다. 그는 진정 위기의 순간을 대처하는 방법을 알고 있었습니다. 그는 어려운 문제를 함께 나눔으로써 지혜를 모으고, 상황을 객관화할 수 있는 마음의 여유를 얻었습니다. 친구들과 대화하면서 이 상황에 대해 하나님의 절대적인 도우심이 필요하다는 결론에 도달할 수 있었습니다. 그가 침착하게 하나님께 기도할 수 있었던 것은 친구들과의 대화를 통해 얻은 힘으로 가능했다고 할 수 있습니다.

많은 사람들이 위기가 닥치면 주변 사람들을 원망하고 술과 쾌락으로 문제를 회피하려 합니다. 혼자만의 생각에 빠져서 더욱 절망적인 생각에 갇혀 버리는 경우가 허다합니다. 믿음의 사람들은 믿음의 동지들과 대화하며, 지혜로운 방법을 구합니다. 그러는 가운데 하나님의 지혜가 임하는 경우를 너무나 많이 체험할 수 있습니다.

하늘에 계신 하나님께 구하게 하였다

다니엘은 침착하게 상황에 대처할 수 있는 여유를 가지고 믿음의 친구들을 만나서 해결책을 논의했습니다. 그 결과 평소의 믿음대로 합심하여 기도하며 하나님께 도움을 구할 것을 친구들과 다짐하게 되었습니다. 해결할 수 없는 문제에 부딪혀 위기에 봉착하였을 때, 해결의 실마리가 하나님께 있음을 알고 그분에게 구하는 것은 믿음의 동지들이 할 수 있는 최선의 선택이었습니다. 다니엘은 위기의 상황에 당황하지 않고 정확한 답을 찾아냈습니다. 그것은 바로 하나님께 매달리는 것이었습니다.

이 모든 것은 그가 하나님에 대한 강한 신뢰와 확신을 가지고 있었기 때문에 가능했던 것입니다. 다니엘은 자신의 지혜와 능력으로 해결할 수 없는 문제가 하나님의 능력으로 해결될 수 있음을 믿고 기도하였습니다. 왕에게 답해야 할 것을 하나님께 간절히 구했습니다. 이것은 소극적인 책임 전가가 아니라, 하나님의 지혜와 능력을 구하는 적극적 요청이었습니다. 스스로 할 수 있는 것은 스스로 행하고, 스스로 할 수 없는 일에 대해 하나님께 간구하는 것은 믿음의 성도들이 할 수 있는 최선의 선택입니다. 그것이 하나님께서 원하시는 것입니다.

위기의 시대를 사는 지혜를 구하라

다니엘은 하나님의 도우심을 받고 하나님을 찬양합니다. 스스로 해결할 수 없는 일에 대해 도우심을 구하는 다니엘에게 하나님께서 놀라운 해결책을 주셨습니다. 하나님께서 위기를 대처하는 다니엘의 태도를 아름답게 보셨던 것입니다. 다니엘은 환상을 보게 되었습니다. 그 환상을 통해 다니엘은 위기를 극복했을 뿐만 아니라, 이 세상의 앞날에 대한 하나님의 뜻을 깨달을 수 있었습니다.

우리는 다음과 같은 사실을 분명히 믿고 위기의 때에 하나님을 의지하여 해결책을 얻어야 할 것입니다.

1. 세상의 모든 일들은 하나님의 섭리 하에 있다.
2. 모든 일의 해결책은 하나님께 있다.
3. 이 세상의 어떤 권세도 가질 수 없는 지혜와 권능이 하나님께 있다.

모든 문제를 해결할 수 있는 지혜가 하나님의 말씀 안에 있습니다. 따라서 우리는 하나님의 말씀으로부터 얻어진 지혜와 판단력을 가지고 살아가야 합니다. 우리의 지혜로는 위기를 극복할 수 없습니다. 스스로 해결할 수 없는 위기가 찾아올 때 좌절하여 인생을 그르치게 되는 것은 하나님께서 말씀을 통해 주신 지혜를 구하지 않고, 즉흥적이고 인간적인 판단에 의존하여 살아가기 때문입니다. 하루하루가 위기인, 급변하는 세상 속에서 하나님께서 주신 지혜로 뛰어난 삶을 살아가길 간절히 소망합니다.

05
영적 안목을 회복하라

이 여러 왕들의 시대에 하늘의 하나님이 한 나라를 세우시리니
이것은 영원히 망하지도 아니할 것이요 그 국권이 다른 백성에게로
돌아가지도 아니할 것이요 도리어 이 모든 나라를 쳐서 멸망시키고
영원히 설 것이라 손대지 아니한 돌이 산에서 나와서 쇠와 놋과 진흙과
은과 금을 부서뜨린 것을 왕께서 보신 것은 크신 하나님이 장래 일을
왕께 알게 하신 것이라 이 꿈은 참되고 이 해석은 확실하니이다 하니
(다니엘 2:44~45)

　우리는 잠을 자면서 때로 꿈을 꿉니다. 꿈은 수면 중에 체험하는 감각적 심상과 시각적 심상이 대부분을 차지하지만, 청각이나 후각, 미각, 촉각에 관계된 꿈도 있다고 합니다. 꿈은 인류의 역사와 더불어 존재해 왔습니다. 고대인은 꿈을 매우 중요시하였습니다. 그들에게 있어서 꿈은 신의 소리와 같았으며, 그들은 꿈을 신의 성의(聖意)가 전달되는 것으로 여겨 숭상하기도 했습니다. 동서고금을 막론하고 꿈을 풀이하는 해몽가가 있었으며, 이들은 사회에서 매우 중요한 역할을 담당하기도 하였습니다.

　동양에서는 종종 꿈이 실체성을 가진 것으로 기술되기도 하였으나,

주자학 등 실학사상의 확산과 더불어 꿈에 관한 관심은 서서히 쇠퇴하였습니다. 하지만 동양 사람들에게 여전히 꿈은 엄청난 관심의 대상입니다. 꿈을 통해 미래를 예측하려는 시도들은 여전히 존재하고 있으며, 특히 사람들의 탄생과 관련한 태몽은 믿음과 관계없이 매우 일반화되어 있습니다. 사람들 간의 대화에서 꿈은 너무나도 당연히 현실에 일어날 일에 대한 전조로 이해되기도 합니다.

서양에서는 근대에 이르러 계몽사상이 대두됨에 따라 꿈에 대한 해석이 비합리적인 미신이라 간주되어 배척되었고, 그 결과 역사의 표면에서 자취를 감추기도 했습니다. 꿈이 다시 주목을 받게 된 것은 20세기에 들어와서입니다. 심리학자이자 정신분석학의 시조인 프로이트는 꿈을 인간의 마음속에 숨겨진 욕망이 표출되는 것으로 보고, 꿈을 과학적 연구 대상으로 삼았습니다. 프로이트는 20세기 초에 《꿈의 해석》을 출판하였는데, 이것은 꿈에 관한 최초의 학문적이고 체계적인 연구였습니다. 그의 연구에 따르면 꿈은 무의식이 표출된 것이며, 꿈의 기능이나 목적은 억압된 욕망의 충족입니다. 따라서 그는 꿈에 대한 연구가 무의식을 알아내는 지름길이라고 생각했습니다. 프로이트 이후 현대에 이르기까지 꿈은 계속 연구되는 학문적 주제이자, 사람들의 입에 오르내리는 가십거리이기도 합니다.

꿈의 실체는 아마 인류 역사가 끝나도 다 밝혀지지 않을 미스테리 중 하나일 것입니다. 성도들에게 꿈이 관심의 대상이 되는 이유는 성경에 꿈에 대한 여러 이야기들이 등장하기 때문입니다. 우리는 꿈에 관심을 가질 필요가 있습니다. 우리는 사라를 지켜주기 위해 아비멜렉에게 주신 꿈이나 야곱과 요셉의 유명한 꿈을 알고 있으며, 바로나 느부갓네살의 꿈에 대해서도 알고 있습니다. 왕들의 꿈을 해석해 주었던 요셉과 다니엘의 꿈 해석에 대해서도 알고 있습니다. 성경에서 꿈은 때로 하나님의 뜻을 나타내며, 미래를 예시하고, 성도를 격려하며 죄악에서 벗어나도록 경고하는 역할을 했습니다.

중요한 것은 꿈이 하나님의 도구로 쓰일 때 분명한 역사적 성취가 있었으며, 그 성취는 역사가 많이 지나고 난 뒤 입증되었다는 것입니다. 또한 성경에 기록된 꿈 해석의 특징은 어떤 일정한 해몽의 틀을 제시하지 않고 있으며, 특히 사람들의 미래의 운명을 조작하고 해석해 주기 위한 꿈의 은사 전문가는 없었다고 하는 점입니다. 오히려 꿈이나 징조를 해석하는 전문가들은 하나님을 섬기지 않는 이방인들에게 있었다는 점을 성경은 분명히 밝혀주고 있습니다. 모세는 선지자나 꿈꾸는 자가 이적과 놀라운 일들이 성취되는 것을 보이면서 유혹한다고 해도 그들을 따르지 말라고 경고하고 있습니다.

> 너희 중에 선지자나 꿈 꾸는 자가 일어나서 이적과 기사를 네게 보이고 그가 네게 말한 그 이적과 기사가 이루어지고 너희가 알지 못하던 다른 신들을 우리가 따라 섬기자고 말할지라도 너는 그 선지자나 꿈 꾸는 자의 말을 청종하지 말라 이는 너희의 하나님 여호와께서 너희가 마음을 다하고 뜻을 다하여 너희의 하나

성경이 꿈의 해몽에 대한 원칙을 우리에게 제시하지 않으며, 매우 특별한 경우에만 꿈이 하나님의 도구로 쓰였다는 사실을 모든 성도는 분명히 인정해야 합니다. 따라서 우리가 꿈에 지나치게 집착하며 모든 꿈을 마치 미래를 알아내는 열쇠로 맹신하는 태도는 엄청난 역사적 과오를 낳을 수 있다는 점을 명심해야 합니다. 성도에게는 건전한 믿음과 현실감각을 가지고 꿈에 적절한 관심을 기울이는 태도와 꿈의 해석에 대해서 항상 겸허한 마음으로 하나님의 뜻을 묵상하며 조심스럽게 받아들이는 태도가 필요합니다. 예수님의 아버지 요셉은 자기와 결혼할 마리아의 임신 사실에 대해 꿈으로 설명을 받았습니다. 그리고 꿈에서 설명된 모든 일이 성취되는 것을 바라보며 순종했습니다. 우리는 성도로서 꿈이나 징조에 대하여 요셉과 같은 건전한 순종의 태도를 가져야 할 것입니다.

느부갓네살의 꿈

다니엘 2장에는 대제국 바벨론의 왕 느부갓네살의 꿈과 그 꿈에 대한 해석이 기록되어 있습니다. 이 꿈과 그 해석은 하나님께서 대제국의 왕에게 인류 역사에 대한 성경적 관점을 보여주고 있다는 점에서 매우 중요합니다. 우리는 이 꿈과 그 해석을 통해 우리의 인생과 나아가서는 인류의 역사에 대한 놀라운 교훈을 얻게 됩니다.

하나님께서는 다니엘의 기도를 들으시고 그에게 느부갓네살의 꿈을 알게 하셨습니다. 하나님께서 당시 세계를 지배하던 느부갓네살에게 엄청난 꿈을 주셨던 이유는 장래의 일을 알게 하시기 위함이었습니다.

> 왕이여 왕이 침상에서 장래 일을 생각하실 때에 은밀한 것을 나타내시는 이가
> 장래 일을 왕에게 알게 하셨사오며 (단 2:29)

느부갓네살 왕은 꿈에서 큰 신상을 보았습니다. 그 신상은 대단한 위용을 자랑하고 있었으며, 그 모습이 다른 사람을 위협할 만큼 대단한 것이었습니다. 그 신상의 머리는 금으로 되어 있었고, 가슴과 두 팔은 은으로 되어 있었으며, 배와 넓적다리는 놋으로 되어 있었고, 종아리와 발의 일부는 철이고, 발의 일부가 진흙으로 되어 있었습니다. 그런데 '손대지 아니한 돌'이 나와서 그 신상을 다 부서뜨린 후 사라져 버리고, 그 돌이 태산을 이루어 온 세계에 가득하게 되었습니다.

> 왕이여 왕이 한 큰 신상을 보셨나이다 그 신상이 왕의 앞에 섰는데 크고 광채가
> 매우 찬란하며 그 모양이 심히 두려우니 그 우상의 머리는 순금이요 가슴과 두
> 팔은 은이요 배와 넓적다리는 놋이요 그 종아리는 쇠요 그 발은 얼마는 쇠요 얼
> 마는 진흙이었나이다 또 왕이 보신즉 손대지 아니한 돌이 나와서 신상의 쇠와

진흙의 발을 쳐서 부서뜨리매 그 때에 쇠와 진흙과 놋과 은과 금이 다 부서져 여름 타작 마당의 겨 같이 되어 바람에 불려 간 곳이 없었고 우상을 친 돌은 태산을 이루어 온 세계에 가득하였나이다 (단 2:31~35)

다니엘은 이 꿈의 내용을 해석합니다. 금과 은과 놋, 철과 진흙은 모두 이 세상을 다스릴 강한 나라들을 의미합니다. 결국 이 세상의 왕들이 강한 나라를 세워 나갈 때, 하나님께서 영원히 멸망하지 않을 한 나라를 세우실 것인데, 그것이 바로 '손대지 아니한 돌'인 것입니다. 결국 하나님께서 세우실 영원한 나라는 복음으로 세워질 하나님의 나라이며 교회입니다. 결국 느부갓네살의 꿈은 세상의 모든 나라들이 멸망할 것이지만, 하나님의 나라는 멸망하지 않고 영원할 것이라는 사실을 보여주는 꿈이었던 것입니다. 모든 인생도, 모든 나라도 결국은 영원하지 못합니다. 하나님께서 세우신 영원한 나라인 교회와 교회의 성도들이 가게 될 천국만이 영원한 것이라는 진리를 대제국 바벨론의 왕이 꾼 꿈으로 보여주고 계신 것입니다.

여기서 금, 은, 놋과 철과 진흙에 대한 해석은 조심스럽게 논의해야 하겠지만, 가장 많이 채택되는 의견은 금이 바벨론을, 은이 페르시아를, 놋은 알렉산더의 헬라를, 철과 진흙이 로마를 가리킨다는 해석입니다. '손대지 아니한 돌'은 예수 그리스도로 해석할 수 있습니다. 결국 모든 나라가 멸망하고, 예수 그리스도의 복음으로 로마가 정복되었다는 사실이 이 꿈의 해석을 역사적으로 뒷받침하고 있습니다.

그러나 더욱 타당한 이 꿈의 교훈은 세상의 모든 나라와 권세와 힘들 위에 예수 그리스도의 복음으로 건설될 하나님의 영원한 나라가 설 것이라는 사실입니다. 예수 그리스도의 복음은 로마의 박해를 받았지만 로마를 정복했으며, 우리나라에서도 무수한 핍박을 이겨내며 많은 성도의 열매를 맺게 되었습니다. 결국 이 세상의 모든 것은 허무하게 끝이 나지만, 복음으로 무장된 교회와 그 교회의 성도들이 주인공이 될 하나님의 나라만이 영원히 온 세상을 지배하게 될 것입니다. 하나님께서는 이방인의 왕에게 꿈을 주시고, 하나님의 사람인 다니엘을 통해서 해석을 주심으로 모든 인류가 영원한 하나님의 나라를 소망하며 살아가야 한다는 것을 알려 주시고 있는 것입니다.

느부갓네살의 꿈을 통해 얻을 수 있는 우리의 인생과 미래에 대한 영적 안목에 대하여 알아보겠습니다. 우리는 당장 눈에 보이는 것을 좇아 살아가게 마련입니다. 그러다 보면 정작 영적 세계를 깨닫지 못하고, 이 세상 것에 매달려 살아가다가 허무한 죽음을 맞이하게 되는 것입니다. 느부갓네살의 꿈에 대한 말씀은 세상의 재물과 권력을 좇아 살아가는 우리에게 진정으로 영원한 것이 무엇인지 보여주고 있습니다.

개인적 차원의 영적 안목

하나님께서 느부갓네살에게 주시고 다니엘을 통해 해석하게 하신 이 꿈은 우리에게 영적 안목을 갖게 합니다. 우리 대부분의 인생은 돈과 쾌락과 세상의 권세의 유혹에 지배됩니다. 하나님을 알지 못하는 모든 사람은 그렇게 사단의 유혹에 따라 허무한 것을 좇는 삶을 살아가게 되는 것입니다. 왕의 꿈은 재물과 쾌락과 권세를 위한 삶이 결국 다 허무하게 끝이 나며, 영원한 하나님 나라만이 역사의 끝에 존재하게 된다는 것을 보여주고 있습니다.

우리 모두는 하나님 앞에서 심판의 시간을 맞이하게 됩니다. 세속적인 삶을 위한 열심은 결국 다 허무한 결과를 보게 됩니다. 결국 하나님 나라를 소망하고 하나님의 영광을 위해, 하나님 나라의 복음을 위해, 이웃을 위해 살아가는 인생만이 영원한 하나님의 나라에서 인정받게 되는 것입니다. 인생과 역사의 끝이 무엇인지 느부갓네살의 꿈을 보면서 알게 되는 사람은 영적 안목을 가지고 인생을 바라보며 아름다운 인생의 결과를 누리게 됩니다.

국가적 차원의 영적 안목

한국은 종교적으로 샤머니즘에서 시작하여, 삼국시대 말기부터 고려 시대까지 불교가 지배하고, 조선 말기까지 유교가 지배하는 나라였습니다. 하나님께서는 조선 말기부터 한국에 선교사들의 피의 희생을 통해 복음의 씨앗을 뿌리셨고, '손대지 아니한 돌' 예수 그리스도로 모든 미신과 우상을 타파하시고 한국을 하나님을 섬기는 나라로 세우시기 시작하셨습니다. 우리나라처럼 느부갓네살의 꿈의 해석과 잘 맞는 역사를 가진 나라가 없습니다.

한국은 정치적으로 중국, 러시아, 일본 등 세계 열강들에 둘러싸인 나라로서 정치적으로 경제적으로 여러 나라의 영향과 지배를 받아 왔던 것이 사실입니다. 경제대국 일본과 군사열강 러시아, 초강대국으로 부상하는 중국, 세계 최강인 미국 사이에서 우리나라의 미래는 어디로 가야 하는 것일까요? 이미 역사가 증명했듯이 하나님을 진실로 섬길 때만이 한국에 진정한 성공이 있을 수 있습니다. 한국은 하나님을 진정으로 섬기는 나라가 되어야 합니다. 일본, 중국, 러시아는 하나님을 믿는 백성이 아닙니다. 기독교 국가인 미국은 종교적으로 매우 타락하여 있습니다. 어느 나라를 선택하여 의지한다면 그것은 나라가 멸망하는 길임을 분명히 깨달아야 합니다. 한국의 모든 교회들이 진정으로 회개하고 각성하여 하나님과 이웃을 진정으로 섬기며 나라의 미래를 위해 기도한다면 민족의 미래는 매우 밝을 것입니다. 현재 한국의 교회는 엄청나게 타락해 있습니다. 교회의 타락이 도를 넘어서며, 타락한 지도자들이 교만하여 죄를 일삼고 교세를 자랑하며 하나님을 욕되게 하고 있습니다.

사람들은 점점 교회를 떠나고 있습니다. 모든 교회들이 세상 것을 자랑하지 말고, 하나님과 이웃을 사랑하는 정결한 삶으로 돌아가야 할 것을 말씀은 보여주고 있습니다.

세계적 차원의 영적 안목

많은 사람들이 세계가 어떻게 변해갈지, 인류의 결말은 무엇일지 모르고 방황하고 있습니다. 다니엘의 말씀은 세계가 하나님께서 주관하시는 역사의 흐름대로 진행되고 있으며, 결국 역사의 끝에 하나님의 나라만이 남게 될 것임을 보여주고 있습니다. 이런 민족 저런 민족이 세계를 지배해 왔지만, 결국은 모든 나라가 멸망하며 하나님의 나라와 하나님 나라의 백성만이 영원할 것임을 말씀은 분명히 보여주고 있습니다.

우리는 세계를 지배했던 수많은 장군과 독재자들을 기억하고 있습니다. 그들 중 누가 영원했습니까? 그들이 세운 나라들 중 어느 나라가 지금까지 이어지고 있습니까? 결국 이 세상에서 영원한 것은 없습니다. 예수 그리스도의 복음으로 하나님 나라를 소망하는 하나님의 백성만이 승리하는 것입니다. 따라서 우리는 세상의 권세에 굴복할 필요가 없습니다. 우리의 인생의 끝에, 이 세상 역사의 끝에 하나님 나라만이 있을 것이기 때문입니다. 하나님 나라를 소망하며 우리의 인생을 하나님께

맞추어 살아간다면, 우리 모두는 결국 역사의 주인공이 될 수 있습니다.

밤하늘을 보면 사시사철 잘 보이는 별자리가 있습니다. 큰곰자리라고 불리는 북두칠성입니다. 고대 로마에서 용병을 뽑을 때, 당시 로마의 지도자들은 북두칠성의 두 번째 별이 두 개인 것을 볼 수 있는 시력을 가진 군인을 용병으로 뽑았다고 합니다. 북두칠성의 일곱 개의 별은 매우 크고 밝게 보이는 반면, 두 번째 별 바로 옆의 별은 작고 희미했기 때문입니다. 로마의 지도자들은 그것을 볼 수 있는 시력이면 용병으로 충분하다고 판단했던 것입니다.

우리는 물질로 되어 있는 이 세상에서 육신을 가지고 살아갑니다. 우리가 비록 이 세상에 살고 있지만, 이 세상을 구원하시기 위해 오신 예수 그리스도와 복음으로 세워질 하나님 나라를 바라볼 수 있는 영적 안목을 소유해야 합니다. 그러면 이 세상에서 하나님의 군사가 되어 세상과 싸워 당당히 이기는 멋진 인생을 살 수 있게 되는 것입니다. 경영학의 대가 피터 드러커는 '최고 경영자의 본연의 임무는 어제에서 유래하는 위기를 해결하는 것이 아니라, 오늘과 다른 내일을 창조하는 것이다'라고 말했습니다. 우리 모두가 오늘과 다른 내일을 창조하고 영적으로 멋진 인생을 설계하기 위해서는 하나님의 말씀으로 영적 안목을 회복해야 하는 것입니다. 우리 모두가 영원하신 하나님 나라를 소망하고, 탁월한 영적 안목을 회복하여 자신의 인생과 나라와 세상을 변화시키는 하나님의 영적 용병이 되기를 간절히 소망해 봅니다.

06
대답할 필요가 없는 문제

왕이여 우리가 섬기는 하나님이 계시다면 우리를 맹렬히 타는
풀무불 가운데에서 능히 건져내시겠고 왕의 손에서도 건져내시리이다
그렇게 하지 아니하실지라도 왕이여 우리가 왕의 신들을 섬기지도 아니하고
왕이 세우신 금 신상에게 절하지도 아니할 줄을 아옵소서 (다니엘 3:17~18)

예전에 〈파리의 연인〉이라는 드라마가 유행했었습니다. 그 드라마
에서 연인으로 등장하는 한기주와 강태영이 분위기 있는 곳으로 여행을
가서 데이트 하는 중 강태영이 물었습니다. '인생에서 제일 행복했던 때
는 언제예요?' 한기주가 대답합니다. '응... 널 만난 이후부터.' 나는 스
스로에게 물었습니다. '나는 언제 가장 행복했었는가?' 큰 고민을 하지
않고 금방 답을 찾을 수 있었습니다. 그것은 바로 '예수 그리스도를 인격
적으로 만나고 나서부터'였습니다. 예수님을 만나고 나서 삶의 의미와
목적이 분명해졌습니다. 내가 얼마나 소중한 사람이고 얼마나 많은 사
랑을 받은 사람인지 알게 되었으며, 내가 얼마나 중요하고 가치 있는 존

재인지도 알게 되었습니다. 마음속에 기쁨과 평안과 자신감이 채워지는 것을 느꼈습니다. 육신적인 삶의 조건들에 더 이상 구속당하지 않을 수 있었습니다. 진정으로 자유를 만끽하게 되었습니다. 아직 죄악이 남아 있고, 때때로 쓰러질 때가 있기도 합니다. 하지만 예수님을 만나고 난 후 나의 삶에 나타난 아름다운 변화들은 말로 다 표현할 수가 없습니다.

예수 그리스도를 만나서 성경을 내 삶의 유일한 기준으로 삼고 난 후에, 나에게 나타난 가장 중요한 변화 하나를 꼽는다면, 그것은 바로 내 삶에 대답할 필요가 없는 문제들이 많이 생겼다는 것입니다. 성경을 나의 기준으로 삼기 전에는 많은 인생의 문제들에 정답이 없었기 때문에 고민하고 갈등하고 방황하는 시간이 많았습니다. 내 자신의 유익을 위해 무엇을 하는 것이 좋을까 이리저리 재는 시간이 많았습니다. 어떤 문제가 생겼을 때 답을 발견하지 못하여 힘들어하는 시간도 많았습니다.

하지만 인생의 방향에 대해, 삶의 방식에 대해, 돈과 시간을 사용하는 방법에 관한 것에서부터 사람들과 관계하는 방식에 이르기까지 말씀 속에서 답을 발견하게 된 이후에는 그 정답대로 살아가기만 하면 되는 갈등 없는 삶이 계속될 수 있었습니다. 성경에서 배운 바대로 양심에 거리끼는 일은 하지 않으면 되고, 주님의 뜻이라면 조금 힘들어도 하면 그만이었습니다. 이제 어떻게 주님의 뜻을 잘 이루어낼 수 있을까, 어떻게 하면 하나님의 뜻대로 더욱 순종하며 살아갈 수 있을까 하는 것이 고민의 대부분을 차지하게 되었습니다. 주님을 위한 일, 주님이 주신 사명을 목적으로 하면서 인생의 우선순위가 정리되었고, 세상 속에서 갈등을 일으키는 문제들 속에서 나는 주님의 말씀에 따라 분명한 해답을 얻을 수 있었습니다. 이것이 바로 내가 예수님을 만나고 얻게 된 가장 중요한 변화였습니다.

초등학교 다닐 때 이런 경험이 있었습니다. 기말고사 기간이었습니다. 시험 감독 선생님께서 들어오셨고, 우리는 보던 책들을 다 집어넣고 조금은 긴장한 채로 시험지를 기다리고 있었습니다. 곧 시험지가 배부되었고 문제를 풀려 하는데, 받아 든 시험지에는 이미 몇 군데 답이 적혀 있었습니다. 선생님께서 희미하게 답을 표시해 둔 잘못된 시험지가 인쇄되었던 것입니다. 몇 명의 친구들은 시험지가 잘못된 것을 알았고, 답이 표시되어 있는 문제는 풀 필요가 없었습니다. 나머지 문제만 해결하면 되었던 것입니다. 하지만 답이 표시되어 있는 것을 잘 몰랐던 친구들은 열심히 시험문제를 풀었고, 정답을 옆에 놓고 오답을 적기도 하였습니다. 그들은 답이 적혀 있어도 그것이 답인 줄 모르고 열심히 시험문제를 풀었던 것입니다. 나중에 모든 사실이 밝혀지고, 답이 표시되어 있던 문제들은 다 정답으로 처리되었지만, 답이 표시되어 있던 것을 모르고 문제를 풀었던 친구들은 그 문제를 고민하느라 시간을 보냈기 때문에, 좋은 성적을 받을 수 없었습니다.

우리 그리스도인들은 인생을 살아가면서 정답이 이미 옆에 있는 문제들을 많이 접하게 됩니다. 하지만 많은 그리스도인들이 정답을 옆에 놓고도, 당장의 유익을 위해, 상황에 매여서, 자기 자신의 경험이나 생각 때문에, 자신의 감정에 이끌려 정답을 보지 못하고 오답을 선택하는 경우가 많습니다. 때로는 그 오답을 정답이라고 믿고 합리화하기도 합니다. 우리의 삶에는 하나님의 말씀이라는 분명한 축복의 길이 제시되어 있습니다. 사드락과 메삭과 아벳느고는 그 축복의 길을 잘 따라갔습니다. 그들의 놀라운 승리를 통해 대답할 필요가 없는 문제를 가지고 고민하지 않고, 승리하는 멋진 인생을 살아가는 방법을 살펴보도록 하겠습니다.

우리의 결정을 흩트리는 것들

시험 문제를 풀다 보면 정답인 것처럼 보이면서 오답을 유도하는 보기가 있는 것처럼, 인생을 살다 보면 우리의 올바른 결정을 흩트리는 요소들이 도처에 도사리고 있다는 것을 알게 됩니다. 사드락과 메삭과 아벳느고는 그러한 위험한 요소들을 많이 가지고 있었습니다. 그들의 주위에는 강한 힘을 가진 우상의 유혹과 주위 사람들의 시기와 잘못된 행동을 강요하는 환경과 사랑을 가장한 회유 등 잘못된 결정을 하게 만드는 많은 것들이 있었습니다.

우상의 유혹

다니엘의 세 친구에게 큰 위기가 찾아온 것은 대제국의 왕 느부갓네 살과 그의 신하들이 자신들의 힘을 과시하고자 큰 신상을 세웠기 때문입니다. 느부갓네살은 자신의 꿈을 해몽해 준 다니엘에게 감동하여 그에게 높은 관직을 수여했지만, 그의 삶에 근본적인 변화는 일어나지 않았습니다. 이미 신상이 무너지는 꿈을 꾸었고, 자신의 나라가 영원하지 않을 것이라는 해몽을 들었지만, 느부갓네살은 계속해서 헛된 신상을 만들고, 자신의 나라를 자랑하는 일을 쉬지 않았습니다.

우리는 여기서 헛된 것을 자랑하고 세상의 정욕을 따라 살아가는 이방인들의 속성을 잘 볼 수 있습니다. 느부갓네살은 하나님을 섬기는 자가 아니었기 때문에, 놀라운 꿈의 해몽을 듣고 다니엘에게 관직을 부여한 것 외에는 특별히 달라진 것이 없었습니다. 하나님을 경배하고 하나님의 영광을 위해 살아가는 삶을 알지 못하는 대제국의 왕은 여전히 자신을 높일 수 있는 일을 찾았습니다. 이것이 바로 정답이 없는 인생의 전형적인 모습입니다.

이 시대는 탈신성화의 시대입니다. 사람들은 더 이상 신상을 만들어 숭배하지는 않습니다. 대신에 현대인들은 계속해서 자신의 삶을 주관할 새로운 형태의 우상들을 만들고, 그것을 섬기려 합니다. 돈과 권력과 인기와 세상의 쾌락을 신성화하며, 그것을 높이고 있습니다. 돈의 힘, 권력의 힘, 쾌락의 힘들이 이 세상에서 신성화되며, 모든 사람들의 삶이 이러한 우상화된 것들에 투자되고 있습니다. 돈을 위해 쾌락을 위해, 자신의 인기와 권력을 위해 무슨 희생이라도 각오하는 현대인들은 느부갓네살과 같이 더욱 정교한 형태의 신상을 만들고 그것에 절하고 있습니다. 또한 다른 사람들도 그것에 절하도록 유혹하고 있는 것입니다. 이것은 어떤 형태의 우상보다도 강력합니다.

다니엘 3장에 나오는 신상은 금으로 만들어졌습니다. 신상의 크기는 높이가 약 27미터, 폭이 3미터 정도 되는 초대형 신상이었습니다. 이것은 바벨론 제국의 힘과 재력과 권력을 과시하기에 충분했습니다. 모든 사람들이 이러한 신상을 경외하며 따랐을 것입니다. 느부갓네살은 신상을 섬기는 법을 제정하였습니다. 모든 사람들은 각종 악기의 소리를 들을 때에 신상에 절하지 않으면 풀무불에 던져 죽임을 당하게 되었습니다. 허망한 것들을 우상으로 세우고 그것을 섬기도록 유혹하는 모습은, 바로 이 시대의 전형적인 모습입니다. 하나님을 모르는 세상의 모든 사람들은 이렇게 허망한 것에 자신들의 모든 것을 투자하고 살아가며, 다른 사람들도 그렇게 살아가도록 유혹합니다. 그리스도인들은 세상에서, 또한 교회에서까지도 이러한 유혹 앞에 서게 됩니다. 얼마나 많은 교회들이 세상의 영광과 세상의 부귀와 권세를 축복으로 가르치고 소망하도록 유혹하고 있습니까?

시기와 강요

신상에 절하라는 왕의 조서가 발표된 후, 바벨론 사람들이 신상에 절하지 않는 유다 사람 사드락, 메삭, 아벳느고를 고발하였습니다. 우상을 섬기도록 유혹하였지만, 유혹되지 않았던 다니엘의 세 친구들에게 이제 사람들의 음모가 시작된 것입니다. 바벨론 사람들은 하나님의 백성이 높은 관직에 올랐던 것을 시기하였습니다. 그들은 믿음의 백성들에게 자신들과 같은 삶의 방식을 강요하며 협박하였습니다. 이것이 믿는 자들이 살아가는 세상의 모습입니다. 방법은 다양할지라도 세상은 믿음의 성도들을 시기하고, 성도들에게 우상 숭배의 삶을 강요합니다. 성도들의 삶이 때로 힘겨운 이유는 바로 이러한 세상의 시기와 강요 때문입니다.

사드락, 메삭, 아벳느고는 유대인으로서 강직한 믿음을 지키며 뛰어난 실력으로 관직에 올랐던 사람들입니다. 그들은 결코 부정한 방법으로 성공가도를 달리는 사람들이 아니었습니다. 세상에는 이러한 성도들을 시기하는 자들이 있기 마련입니다. 세상 사람들은 자신들과는 다른 방식으로 살아가는 하나님의 백성들에게 자신들의 삶의 방식을 강요하기도 합니다. 때로는 돈으로, 권력으로, 믿음을 버릴 것을 유혹하기도 합니다. 때로는 죽이려고 위협하며 탄압하기도 합니다. 때로는 모함을 하기도 하며, 불이익을 주기도 합니다. 믿음을 버릴 것을 강요하는 이러한 세상 사람들의 시기와 강요는 성도들이 인생의 잘못된 결정을 내리게 만드는 중요한 요소입니다.

사랑을 가장한 회유

사드락과 메삭과 아벳느고 세 친구는 거대한 바벨론 제국의 유혹과 주위 사람들의 시기와 강요에 굴하지 않고 믿음을 지켰습니다. 그 결과 그들은 모두 체포되고 말았습니다. 이제 가장 강력한 시험이 그들을 기다리고 있었습니다. 그것은 왕의 회유였습니다.

> 느부갓네살이 그들에게 물어 이르되 사드락, 메삭, 아벳느고야 너희가 내 신을 섬기지 아니하며 내가 세운 금 신상에게 절하지 아니한다 하니 사실이냐
> (단 3:14)

이 말은 이런 뜻일 것입니다. '내가 너희들에 대한 이야기를 사람들에게 듣기는 했다만 믿기가 힘들구나. 너희가 정말 신상에 절하지 아니하였느냐? 무슨 문제가 있었던 것이겠지? 너희들은 그렇게 내 명령을 지키지 않을 사람들이 아니지 않느냐?' 느부갓네살 왕은 그들을 회유하려고 다음과 같은 말을 덧붙입니다.

> 이제라도 너희가 준비하였다가 나팔과 피리와 수금과 삼현금과 양금과 생황과
> 및 모든 악기 소리를 들을 때 내가 만든 신상 앞에 엎드려 절하면 좋거니와 (단
> 3:15a)

느부갓네살은 그렇게 여러 가지로 그들을 회유하며, 최종적으로 목숨을 가지고 위협하기도 합니다.

> 너희가 만일 절하지 아니하면 즉시 너희를 맹렬히 타는 풀무불 가운데에 던져
> 넣을 것이니 능히 너희를 내 손에서 건져낼 신이 누구이겠느냐 하니 (단 3:15b)

왕은 그들을 죽이고 싶지 않았고, 그들을 아끼는 마음을 보이고 있습니다. 지금이라도 돌이키면 기회를 주겠다고 그들을 회유했습니다. 강력한 권력을 가지고 있던 왕이 사랑하는 말로 회유하는 것은 어떤 유혹보다도 강력한 힘을 가지고 있었을 것입니다. 인간 관계나 가족의 정으로 믿음을 회유할 때 성도들은 말할 수 없는 갈등을 느끼게 됩니다. 그동안의 모든 관계를 생각해서라도 잠시 다른 생각을 품게 되는 것이 보통 사람들의 모습입니다. 인생의 정답도 오답처럼 보일 수 있는 시기가 바로 이럴 때가 아닙니까?

이제 그들은 시험대에 올랐습니다. 자신들의 삶과 믿음이 바벨론에서의 관직을 위한 것이었는가? 아니면 하나님을 섬기기 위함이었는가? 이번 시험을 통해 그것이 분명히 드러나게 될 것입니다. 그들의 목적이 하나님이 아니라면 이제 그들은 하나님을 버리고 우상을 택할 것입니

다. 자신들의 관직과 안녕을 위해 타협하게 될 것입니다.

대답할 필요가 없는 문제

그들은 거대한 신상과 힘에 유혹되었습니다. 시기로 고발도 당했습니다. 믿음을 버리도록 위협을 당했습니다. 왕의 회유도 받았습니다. 얼마나 고민되고 힘든 상황입니까? 어떤 결정을 내리기가 너무나 힘든 상황입니다. 자신들이 위협에서 벗어나고 싶은 생각도 있습니다. 왕이 이렇게까지 호의를 베푸는 것에 대해 거절하기 힘들기도 합니다. 무섭고 두렵기도 할 것입니다.

하지만 세 친구들은 너무나 쉽게 결정을 내립니다. 그들은 왕의 요구에 대해 대답할 필요조차 전혀 느끼지 못했습니다. 그들의 답은 간단했습니다.

> 사드락과 메삭과 아벳느고가 왕에게 대답하여 이르되 느부갓네살이여 우리가
> 이 일에 대하여 왕에게 대답할 필요가 없나이다 (단 3:16)

아무리 회유하고 협박한다 해도 그들의 결정은 변할 수가 없는 것이었습니다. 왜냐하면 그들은 온 세상을 주관하시는 하나님을 섬기는 사람이었기 때문입니다. 그들에게는 하나님의 말씀이라는 분명한 기준이

있습니다. 결코 다른 결정을 할 이유가 전혀 없었던 것입니다. 그들의 결정은 상황이나 조건의 영향을 받지 않는 선명하고 멋있는 결정이었습니다.

그들에게는 이 사건이 고민할 필요조차 없는 문제였습니다. 이 사건이 심각하지 않은 문제였기 때문이 아니라, 답이 분명한 문제였기 때문입니다. 그들은 대답할 필요가 없는 이유를 두 가지로 말하고 있습니다.

> 왕이여 우리가 섬기는 하나님이 계시다면 우리를 맹렬히 타는 풀무불 가운데에서 능히 건져내시겠고 왕의 손에서도 건져내시리이다 그렇게 하지 아니하실지라도 왕이여 우리가 왕의 신들을 섬기지도 아니하고 왕이 세우신 금 신상에게 절하지도 아니할 줄을 아옵소서 (단 3:17~18)

첫째는 하나님께서는 능히 자신들을 풀무 가운데서도 건지실 능력이 있으시기 때문입니다. 둘째는 건지시지 않더라도 하나님의 말씀대로 절대로 신상에 절하지 않을 것이기 때문입니다. 사실 그들이 왕의 질문에 '대답할 필요가 없는 이유'는 한 가지입니다. 그들은 하나님만을 섬기기로 작정했고, 하나님의 말씀을 따라 옳은 결정을 하려 했기 때문입니다. 하나님께서 자신들을 풀무불에서 구원하건 그렇게 하지 않건 그들의 결정에는 변함이 없습니다. 그들은 하나님을 섬기며, 하나님의 영광을 위해 살아갈 것입니다. 그것이 그들의 가장 우선되는 일이었으며, 하나님께 영광을 돌리는 멋진 인생을 살 수 있는 것이었기 때문입니다. 그들은 하나님의 나라를 인생의 가장 중요한 우선순위로 설정하였기 때문에, 왕의 위협과 칠 배나 뜨거운 풀무불도 두려워하지 않을 수 있는 용기를 얻었던 것입니다.

우리는 너무나 자주 정답이 있는 문제를 가지고 고민합니다. 그것은 우리의 계산 때문입니다. 하나님을 신뢰하지 못하는 우리의 연약함 때문입니다. 정답이 있는 문제에 대해 고민하는 자체가 오답으로 끌려가는 과정입니다. 답이 있는 문제를 가지고 고민하는 것은 재물에 탐이 나서 이스라엘을 저주하라는 요구에 응하려 했던 발람과 같은 잘못을 반복하는 것입니다. 대답할 필요가 없는 문제, 고민할 필요가 없는 문제에 대해서는 고민하지 말아야 합니다. 고민하는 자체가 죄악입니다. 고민할 필요가 없이 명백한 일에 대해서는 더 이상 주저하지 말고 주님 뜻대로 행하며, 하나님의 도움을 구하는 믿음을 소유하시기 바랍니다.

믿음의 결과

세 친구들의 믿음의 결과 가장 중요한 것은 하나님께서 영광과 높임을 받았다는 것입니다. 이방인들의 제국 바벨론 내에서 하나님의 이름이 높아지게 되었습니다.

그러므로 내가 이제 조서를 내리노니 각 백성과 각 나라와 각 언어를 말하는 자
가 모두 사드락과 메삭과 아벳느고의 하나님께 경솔히 말하거든 그 몸을 쪼개고
그 집을 거름터로 삼을지니 이는 이같이 사람을 구원할 다른 신이 없음이니라
하더라 (단 3:29)

둘째로 바벨론 왕과 모든 신하들에게 하나님이 전파되었습니다. 그들이 하나님을 믿게 되지는 않았을지라도, 그들에게 복음이 전파되었으며, 하나님의 놀라운 이름이 선포되었습니다. 마지막으로 세 친구들은 풀무불에서 구원받게 되었습니다.

그들이 풀무불에서 구원받았다는 것은 중요한 것이 아닙니다. 중요한 것은 그들이 하나님을 택했으며, 그로 인해 하나님의 영광이 높아졌으며, 결과적으로 하나님께서 세 친구들을 높이셨다는 것입니다. 그들이 죽었건 죽지 않았건 간에 그들은 이미 하나님만을 바라봄으로 높아졌습니다. 그들은 바벨론에서 더욱 높은 관직에 오르게 되었으며, 우리의 위대한 신앙의 선배가 되었습니다. 그들은 자신들의 믿음으로 하나님께서 높이시는 멋진 인생을 살게 되었던 것입니다. 우리의 인생의 목적이 하나님께 있을 때, 우리는 정답을 선택할 수 있고, 우리의 삶은 위대해집니다. 대답할 필요가 없는 문제에 대해 고민하지 않는 것, 그것이 멋진 인생을 살아가는 유일한 길입니다.

07
메네 메네 데겔 우바르신

기록된 글자는 이것이니 곧 메네 메네 데겔 우바르신이라
그 글을 해석하건대 메네는 하나님이 이미 왕의 나라의 시대를 세워서
그것을 끝나게 하셨다 함이요 데겔은 왕을 저울에 달아 보니
부족함이 보였다 함이요 (다니엘 5:25~27)

제국의 흥망성쇠

다니엘 5장은 바벨론 제국의 갑작스런 멸망에 대한 이야기입니다. 역사가 헤로도투스에 의하면 바벨론의 마지막 왕 벨사살이 연회를 베풀던 밤에 페르시아의 고레스 왕과 그 군대가 연회를 베풀던 성에 침입하였다고 하는데, 다니엘 5장이 바로 그 밤에 대한 이야기를 하고 있는 것입니다. 이 이야기를 하기 앞서 바벨론 제국에 대한 역사적 기록들과 더불어 바벨론 제국의 흥망성쇠를 잠시 살펴보도록 하겠습니다.

B.C. 626년 경 앗시리아에 반란을 일으킨 갈대아 부족의 나보폴라사

르는 바벨론에 입성하여 바빌로니아 왕조를 열었습니다. 역사책에서는 이 왕조를 함무라비 법전으로 유명한 고바빌로니아 제국과 구분하여 신바빌로니아라고 하며, 갈대아 부족이 세웠으므로 갈대아 왕조라고도 합니다. 이스라엘을 멸망시킨 유명한 왕인 느부갓네살의 아버지 나보폴라사르는 메디아와 연합하여 B.C. 612년 앗시리아의 수도 니네베를 철저히 파괴합니다. 나보폴라사르의 후계자 느부갓네살(네부카드네자르 2세, 재위 B.C. 605~562 경)의 치세는 바빌로니아의 황금시대였습니다. 그는 시리아와 팔레스타인을 정복하고 예루살렘을 파괴하였으며 유대인을 바벨론에 유배시켰습니다. 고대 함무라비 왕 이래 몰락했던 바벨론은 다시 부흥하여 그야말로 세계 상업의 중심도시로서 성장하였으며, 유래 없는 번영을 누렸습니다.

느부갓네살은 바벨론 성을 중건하였습니다. 왕은 수도 바벨론에 주신(主神) 마르둑을 비롯한 수많은 신들의 신전과 제단을 화려하게 만들었습니다. 설형문자로 기록된 당시 문서와 바벨론 성 발굴 결과를 종합해 보면 바벨론 안에는 주신 마르둑 신전 55개를 포함하여 일천 개가 넘는 신전이 있었고, 이슈타르 여신을 위한 제단만도 180개가 있었다고 전해집니다. 마르둑 신전을 지을 때 그에 딸린 거대한 지구라트도 함께 만들어졌습니다. 이것은 하늘의 신과 지상을 연결하는 의미를 가진 건축물인데, 바벨론 시의 중심부에 있는 마르둑 신의 성역 안에 화려한 청색 벽돌을 구워 탑을 쌓아올린 것입니다. 창세기에 나오는 바벨탑을 연상시키는 이 건축물은 수세기 전 앗시리아인들이 파괴한 것을 신바벨론 왕조의 시조 나보폴라사르 왕이 기초를 쌓고, 그 아들인 느부갓네살이 완성하여 재건한 것입니다. 지금은 지상에 그 토대만 남아 있지만, 이 건축물은 당시 90미터 정도의 높이로 화려하게 세워져 있었습니다. 느부갓네살은 또한 고대 세계 7대 불가사의 중 하나로 일컬어지는 '공중정원'을 만든 것으로 전해집니다. 이러한 건축물들은 당시 바벨론 제국이 얼마나 부강했던 나라인지 잘 보여줍니다.

이처럼 번영을 구가하던 바벨론은 느부갓네살의 사후 급속도로 몰락합니다. 그의 사후 3명의 왕들은 짧은 치세 후 암살되었고, 결국 바벨론은 B.C. 539년, 페르시아의 고레스 대왕에 의해 함락되었습니다. 이렇게 신바벨론 제국의 영화는 채 1세기도 지나지 못해 허무하게 사라지고 맙니다.

다니엘 5장은 벨사살 왕의 아버지 나보니두스가 벨사살과 함께 나라를 다스리고 있을 때의 일을 기록하고 있습니다. 쾌락과 향락에 취해 있던 왕궁은 페르시아의 고레스 왕에게 정복되었습니다. 그리스의 역사가이자 소크라테스의 제자였던 크세노폰은 페르시아의 고레스 왕이 벨사살의 왕궁을 부수고 그를 죽였다고 기록하고 있습니다.

그 날 밤에 갈대아 왕 벨사살이 죽임을 당하였고 (단 5:30)

바벨론은 쾌락과 향락에 취해 짧은 번영기를 끝으로 멸망하고 말았습니다.

다니엘 5장과 관련하여 밝히고 넘어가야 할 것이 있습니다. 역사 기록을 살펴보면 바벨론 멸망 당시의 왕은 그의 아버지 나보니두스였던 것으로 기록되어 있습니다. 그렇다면 벨사살이 왕이었다는 것은 어떻게 된 일인가 의아하게 여겨질 수 있습니다. 게다가 다니엘서에는 페르시아의 고레스가 아니라, 메대의 다리오가 바벨론의 왕이 된 것으로 기록되어 있습니다. 왜 페르시아의 고레스가 벨사살의 왕궁을 점령했는데, 메대의 다리오가 왕이 되었다고 하는 것인지도 밝혀져야 합니다.

최근에 발견된 고대 기록들은 벨사살이 나보니두스의 아들이며 바벨론에서 그의 아버지와 공동 통치자로 다스렸음을 밝히고 있습니다. 나보니두스는 그의 통치 당시 이미 아들 벨사살에게 나라의 통치를 맡겼습니다. 바로 그런 이유로 벨사살이 다니엘을 '나라의 셋째 통치자'로 삼겠다고 했던 것입니다. 자신은 아버지에 이어 둘째 통치자였던 것입니다. 또한 메대와 바사(페르시아)는 바벨론을 나누어 다스렸으므로 다리오가 왕이 되었다고 하는 기록은 문제가 없습니다.

> 내가 네게 대하여 들은즉 너는 해석을 잘하고 의문을 푼다 하도다 그런즉 이제 네가 이 글을 읽고 그 해석을 내게 알려 주면 네게 자주색 옷을 입히고 금 사슬을 네 목에 걸어 주어 너를 나라의 셋째 통치자로 삼으리라 하니 (단 5:16)

이에 벨사살이 명하여 그들이 다니엘에게 자주색 옷을 입히게 하며 금 사슬을 그의 목에 걸어 주고 그를 위하여 조서를 내려 나라의 셋째 통치자로 삼으니라 (단 5:29)

그러면 번영을 자랑하던 바벨론이 쉽게 몰락하고 만 이유는 무엇일까요?

윌리엄 월튼이라는 작곡가가 1929년에 지은 〈벨사살의 향연〉이라는 오라토리오가 있습니다. 바벨론 제국의 마지막 통치자 벨사살 시대의 엄청난 잔치들을 묘사한 작품입니다. 제국의 말기, 향락에 빠져있던 바벨론의 모습은 현대에서도 유명한 역사적 기록으로 남아 있을 정도입니다. 다니엘 5장에 나타난 벨사살 시대의 모습을 보면 그들의 멸망의 이유를 잘 알 수 있습니다.

쾌락주의

벨사살 왕은 제국의 막대한 부와 위용을 자랑하며 엄청난 술잔치를 벌였습니다. 그 잔치 자리에는 많은 왕후들과 빈궁들이 함께 있었습니다. 그들은 술과 더불어 가무를 즐기며, 또한 성적인 쾌락에 빠져 있었습니다. 바벨론 왕궁의 성적 타락은 역사의 기록에도 많이 남아 있습니다. 엄청난 재물과 권력을 바탕으로 매일 향연을 즐기며, 도덕적 타락을 일삼고 쾌락에 빠졌던 바벨론 제국이 무너진 것은 너무나 당연한 일이 었습니다. 역사상 큰 번영을 이룩했던 모든 제국은 번영을 바탕으로 쾌락을 추구했습니다. 거의 모든 제국의 멸망 뒤에는 이러한 방탕한 생활이 있었다는 것을 기억할 필요가 있습니다.

하나님 경시 풍조

벨사살 왕은 술을 마실 때 예루살렘 성전에 있는 그릇들을 가져오도록 명하여, 그것들을 잔치에 사용하였습니다. 이것은 아마 바벨론이 얼마나 위대한가를 스스로 자랑하며, 그 당시 바벨론에 많이 살고 있던 유대인들과 그들의 하나님을 경시하며 바벨론의 역대 왕들과 자신을 높이기 위한 행위였을 것입니다. 벨사살은 하늘 아래 무서운 것도 두려운 것도 없었습니다. 그는 세상에서 자신이 가장 높은 것으로 착각하였습니다. 하나님의 거룩한 그릇들을 마음대로 사용하면서, 하나님보다 자신이 높다고 자부하였습니다. 이렇게 하나님을 경시하는 풍조가 만연했던 바벨론의 문화와 도덕성을 우리는 쉽게 상상해 볼 수 있습니다. 스스로 무엇인가를 이루었다는 자만심에 빠져 하나님을 두려워하지 않는 나라는 이스라엘이건 이방 나라건 멸망을 향해 가게 된다는 것을 잘 보여주고 있습니다. 개인이건 가정이건 기업이건 나라건 심지어 교회까지도 하나님을 두려워하지 않으면 멸망할 수밖에 없습니다. 번영은 잠깐일 뿐 결코 계속되지 않습니다.

우상숭배

바벨론에는 우상숭배의 풍조가 만연했습니다.

> 그들이 술을 마시고는 그 금, 은, 구리, 쇠, 나무, 돌로 만든 신들을 찬양하니라
> (단 5:4)

그들은 스스로 신들을 만들었습니다. 여기서 소개되는 재료들은 신들을 만든 재료들을 말한다기보다, 얼마나 많은 우상들과 헛된 신들이 바벨론에 있었는지를 잘 보여주고 있습니다. 그들은 자신들을 지켜준다고 생각하는 신들은 모두 섬겼습니다. 사실 그들이 신들을 섬긴 것이 아니라, 신들이 자신들을 섬기고 있었다고 해야 맞는 것입니다. 그들은 자신의 번영을 위해 도움이 되는 것이면 무엇이든 신으로 여겼습니다. 모든 신은 자신들의 번영을 위해 존재하는 것이었습니다. 바벨론 사람들은 스스로 신들을 만들고 그것들을 숭배하면서, 사실은 자기 스스로를 믿고 숭배하고 있었던 것입니다. 이것이 바로 우상숭배입니다. 자신들이 하고 싶은 모든 것을 이루기 위해, 가능한 모든 방법과 수단과 종교를 동원하는 것이 바로 우상숭배의 극치입니다. 신약 성경에서는 탐심

이 우상숭배라고 했습니다. 바벨론의 우상숭배는 역사에 유례없이 극에 달한 상황이었습니다.

우리가 주목하여 볼 것은 당시 바벨론이 페르시아의 고레스 왕에 의해 포위를 당하여 전쟁 중에 있었다는 것입니다. 그런 와중에도 쾌락을 즐기며 우상을 숭배하며 잔치를 하고 있었으니, 나라의 멸망은 너무나 당연한 것이었습니다.

교만, 그 치명적 결과

위에서 말한 멸망의 모든 원인들은 한 가지로부터 발생하는데, 그것은 바로 하나님에 대한 교만이라는 것입니다. 기독교 신앙은 나의 소원을 이루기 위해 신을 즐겁게 하는 것이 아니라, 나를 구원하신 하나님의 뜻을 이루기 위해 말씀에 순종하는 것입니다. 자신의 소원을 이루기 위해 신을 움직이려 하는 것은 가장 큰 교만입니다. 다니엘은 벨사살 왕을 책망합니다.

> 벨사살이여 왕은 그의 아들이 되어서 이것을 다 알고도 아직도 마음을 낮추지
> 아니하고 도리어 자신을 하늘의 주재보다 높이며 그의 성전 그릇을 왕 앞으로
> 가져다가 왕과 귀족들과 왕후들과 후궁들이 다 그것으로 술을 마시고 왕이 또
> 보지도 듣지도 알지도 못하는 금, 은, 구리, 쇠와 나무, 돌로 만든 신상들을 찬양

하고 도리어 왕의 호흡을 주장하시고 왕의 모든 길을 작정하시는 하나님께는 영광을 돌리지 아니한지라 (단5:22~23)

다니엘은 바로 벨사살 왕의 교만을 지적하고 있습니다. 잠언에서 말씀한 대로 하나님에 대한 교만은 모든 패망의 선봉인 것입니다.

다니엘 5장은 역사에 드러나지 않은 하나의 계시를 우리에게 보여줍니다. 그것은 바로 벨사살의 잔치 자리에 나타난 하늘로부터 쓰여진 글씨였는데 '메네 메네 데겔 우바르신'이라는 문장이었습니다. '메네'는 '세다'라는 뜻으로 하나님께서 벨사살의 시대를 세셨다는 뜻입니다. 데겔은 '저울에 달아보다'라는 뜻으로 하나님께서 바벨론의 상황을 하나님의 심판의 저울에 달아보셨다는 뜻입니다. '우바르신'은 '나뉜다'는 뜻으로 이제 바벨론이 힘을 잃고 다른 나라들에 의해 나뉘어질 것이라는 뜻입니다.

메네 메네 데겔 우바르신

하나님께서는 지금 현재도 살아계셔서, 우리들의 마음을 살펴보고 계십니다. 우리의 죄악을 저울로 달아보고 계신 것입니다. 우리는 하나님을 경외하는 마음으로 우리의 삶을 되돌아보아야 합니다. 우리의 즐

거움과 소원의 성취를 위해 하나님을 섬기는 어리석은 우상 숭배를 돌이켜야 합니다. 하나님의 말씀을 기준으로 나의 삶을 돌아보고, 순종함으로 나아가는 성도가 되어야 합니다. 하나님께서는 우리의 모든 행위를 세고 계시며, 이 악한 시대를 좇아 범죄하는 우리의 모습을 저울로 달아보고 계십니다. 우리 삶의 기준은 하나님의 말씀입니다. 하나님의 말씀에 따라 자신의 삶을 돌아보지 않는 교만한 사람은 하나님께서 그 삶을 저울에 달아 심판하십니다.

이 시대는 벨사살의 왕궁을 연상시키는 쾌락의 도가니가 되어 버렸습니다. 밤마다 쾌락을 즐기는 자들이 불야성을 이룹니다. TV와 영화를 통해 모든 사람들이 육체적인 쾌락을 소망하며, 허락되지 않는 쾌락을 당연한 것으로 여기고 있습니다. 청소년들의 음주와 흡연과 성적 타락은 바벨론 왕국이 멸망할 때보다 더욱 만연해 있습니다. 너무나 친근한 연예인과 가수들의 노래들은 비윤리적인 사상을 주입하고 있습니다. 비윤리적인 가사로 최근 청소년 유해 문화 판정을 받은 몇몇 가수들은 표현의 자유를 운운하며 세상을 타락의 길로 몰아가고 있습니다. 윤리와 도덕을 무너뜨리고 아직 사고가 정립되지 않은 청소년들을 망가뜨리는 노래도 표현의 자유를 존중받아야 한다는 주장은 이 시대의 쾌락주의와 우상 숭배가 어디까지 갔는지를 잘 보여주고 있습니다.

이제 이 시대는 쾌락을 위해서라면 무엇이든 허용하고 있습니다. 한국의 매춘업 종사자가 33만 명을 넘었으며, 그 경제적 규모는 농어업을 모두 합친 규모라고 합니다. 한국의 개인당 술 소비가 세계 1위라는 사실은 이미 알려져 있는 사실입니다. 교회의 세속화와 타락으로 많은 사람들이 복음 자체를 부인하고 있으며, 복음을 배타적이고 독선적인 교리로 조롱하는 시대가 되어 버렸습니다. 이 세상의 어느 곳에서도 하나님의 말씀을 기준으로 하나님의 심판을 두려워하면서 무엇인가를 결정하는 신실한 성도들은 찾기 힘든 시대가 되어 버렸습니다. 모든 결정의 기준은 하나님의 말씀이 아니라, 인간의 자유와 쾌락이 되어 버렸습니다. 바벨론과 같이 멸망이 임박해 있는 상황에서도 우리는 여전히 자신의 쾌락을 위해 잔치하고 있는 것은 아닌지 돌아보아야 합니다.

이 순간 우리는 '메네 메네 데겔 우바르신'이라는 하나님의 계시의 소리를 들어야 합니다. 우리 자신과 교회와 나라와 인류의 앞날을 세고 계시며, 저울로 달아보고 계신 하나님을 생각해야 합니다. 그리고 이 타락해 가는 세상을 위해 우리가 감당해야 할 사명을 찾아야 합니다. 우리 자신이 하나님 앞에 이렇게 교만으로 패망할 자들은 아닌지 조용히 반성해보고 영적으로 각성해야 할 때입니다. 하나님 앞에서 자신을 돌아보지 않는 사람은 하나님께서 저울로 달아서 그 끝을 보이십니다.

08
성공하는 인생의 조건

다니엘이 이 조서에 왕의 도장이 찍힌 것을 알고도
자기 집에 돌아가서는 윗방에 올라가 예루살렘으로 향한 창문을 열고
전에 하던 대로 하루 세 번씩 무릎을 꿇고 기도하며
그의 하나님께 감사하였더라 (다니엘 6:10)

사람이 일생을 살면서 성공을 꿈꾸는 것은 너무나 당연한 일입니다. 인생에서 실패하고 싶은 사람은 아무도 없을 것입니다. 이 시대 모든 사람들은 성공에 미쳐 있다고 해도 과언이 아닐 정도로 성공을 소망합니다. 이것은 어찌 보면 참 좋은 현상입니다. 성공을 꿈꾸는 사람은 대부분 열심히 살아가기 때문입니다.

하지만 문제는 많은 사람들이 성공을 너무나 소망하는 나머지 잘못된 방법을 택한다는 것에 있습니다. 부정한 방법으로 성공하면 그것은 곧 실패로 이어집니다. 부정한 방법으로 정당한 결과를 얻어낼 수는 없습니다. 많은 사람들이 성공을 위하여 정말 많은 노력을 합니다. 막대한

돈을 아낌없이 투자합니다. 자신의 신체를 아름답게 하기 위하여 약물에도 의존합니다. 거짓말과 속임수를 사용하기도 합니다. 자신의 몸을 팔기도 합니다. 다른 사람을 깎아내리기도 합니다. 부정한 돈을 취하기도 합니다. 많은 사람들은 성공하려고 노력하는 가운데, 오히려 실패의 길을 가고 있습니다.

사람들이 성공을 원하는 만큼 성공에 대한 많은 책이 쏟아져 나오고 있습니다. 아쉬운 것은 대부분의 책들이 얄팍한 방법만을 제시하고 있다는 데 있습니다. 어떤 원칙이나 확고한 신념을 제시하지 못하고, 자신의 성공담을 늘어놓는 책들은 자칫 잘못된 길을 제시하는 경향을 갖게 됩니다.

그런 가운데 눈에 띄는 책이 한 권 있습니다. 그것은 스티븐 코비의 〈원칙 중심의 리더십〉이라는 책입니다. 왠지 '원칙 중심'이라는 책 제목이 관심을 끕니다. 원칙을 중심으로 살아가는 사람은 급변하는 시대 속에서 상황에 대처하는 데 실패하는 것처럼 보이기 쉽고, 구식으로 치부되기 쉽습니다. 융통성이 없어 보이기도 할 것입니다. 원칙을 고수하는 사람은 성공의 대열에서 이탈하기 쉽다고 생각되는 것이 요즘의 현실일지도 모릅니다. 원칙을 강조한다는 것은 고리타분한 도덕책이나 성경책에 나옴직한 내용이라고 무시될 수도 있습니다. 읽을 때는 그렇다고 인정해도, 현실과는 다르다고 일축해 버릴 수 있는 내용이라고 생각하기 쉽습니다.

하지만 스티븐 코비는 물리학에 중력의 법칙이 있는 것처럼 인간세계에도 논쟁의 여지가 없는 불변의 법칙이 있다고 주장합니다. 이 원칙은 모든 인간관계와 조직에 적용되는 우주의 법칙이며 이는 모든 인간의 신체, 의식, 그리고 양심의 일부입니다. 결국 저자는 공정성, 정의, 성실, 정직, 신뢰 등 인간 사회의 필수적인 기본 원칙들을 인정하고 거기에 순응하며 살아가는 정도에 따라, 인생이 생존과 안정으로 가느냐 반대로 분열과 멸망으로 가느냐가 결정된다고 주장하고 있습니다. 역설적일 수도 있지만 그가 제시하는 리더십의 초석은 자기 자신을 존중하면서 동시에 보다 높은 목적과 원칙들에 자신을 맞추어 나가는 것입니다. 원칙을 지속적으로 적용해 습관화할 때만이 개인 및 대인 관계, 조직을 근본적으로 변혁시킬 수 있다고 그는 목소리를 높이고 있습니다. 이러한 원칙이 개인의 삶을 넘어서 인간관계나 조직의 혁신에 관한 지혜를 제공하고, 인간의 삶을 개선할 수 있다는 것이 이 책의 결론입니다. 물론 이 책은 기본적으로 인간의 본성에 대하여 신뢰를 보내고 있다는 점에서 문제가 있지만, 원칙을 중심으로 살아갈 때 개인이나 인간관계나 공동체의 운명에 근본적인 성공이 있다는 주장은 참으로 설득력이 있습니다. 원칙보다는 상황에 따라 살아가며 성공을 꿈꾸는 현대 그리스도인들에게 그의 지적은 시사하는 바가 크다고 할 수 있습니다.

다니엘 6장을 통해 우리는 타협이 없이 원칙을 고수하면서도, 현실 속에서 성공적인 삶을 이어나가는 다니엘의 모습을 잘 살펴볼 수 있습니다. 다니엘은 바벨론 제국이 무너지고 난 후에도, 새로운 페르시아와 메대 제국에서 강력한 영향력을 미치는 사람이 되었습니다. 다니엘이야말로 원칙을 지켜나가면서도 현실을 극복하고 성공을 향해 달려갈 수 있는 그리스도인의 모범을 보여주는 멋진 인물입니다.

급변하는 현대 사회 속에서 우리 그리스도인들에게 분명한 원칙이 없다면, 우리의 믿음은 변질되고 우리의 인생은 실패할 것이 분명합니다. 원칙을 고수한다는 것은 그리스도인들에게는 아무리 강조해도 지나치지 않습니다. 시대가 바뀌고, 상황이 바뀌어도 원칙을 지키며 성공의 길을 가는 다니엘의 성공 비결을 살펴보고자 합니다.

다니엘이 처한 시대적 배경

먼저 다니엘이 처한 시대적 배경을 한 번 짚어 볼 필요가 있습니다. 다니엘은 자기가 일하던 바벨론이 멸망하고, 새로운 나라 페르시아 왕조가 들어서는 급변의 시기를 맞고 있었습니다.

다니엘이 자기 나라에서 포로로 잡혀 온 지 벌써 몇 십 년이 지났습니다. 이제 그는 어엿한 중년을 넘어서 노년기에 접어들고 있었습니다. 그가 유대인으로서 믿음 교육을 받은 지도 이미 오랜 시간이 지났습니다. 오랜 타국 생활이 계속되었으므로 함께 기도로 동역할 만한 사람들도 많지 않았습니다. 느부갓네살 왕의 진미를 거절하며 믿음의 절개를 지켰던 청년 시절의 기억은 이미 아득한 추억이 되어 버렸습니다. 이제는 인생의 경륜과 삶으로부터 얻은 지혜들이 그의 대쪽 같은 믿음을 변화시킬 수도 있는 나이였습니다. 때로 시간의 흐름은 사람의 원칙을 변질시키기도 합니다. 다니엘에게도 많은 시간이 지났습니다. 이제 그 세월이 다니엘을 변질시킬 수도 있었던 것입니다.

게다가 권력이 여러 차례 바뀌었습니다. 느부갓네살에서 몇 왕을 거쳐 벨사살로, 그리고 메데 페르시아 제국이 등장했습니다. 메대의 다리오가 다니엘이 살던 곳의 왕으로 다스리게 되었습니다. 이렇게 급변하는 국제 정세 속에 다니엘은 무척이나 힘겨운 시절들을 보낼 수밖에 없었을 것입니다. 바뀐 권력은 다니엘에게 다양한 것들을 요구했을 것이며, 새로운 시대의 문화와 화합할 것을 요청했을 것입니다. 새로운 이해관계들이 생겼을 것이며, 새로운 각료들과 새로운 지도자들의 틈바구니 속에서 때로는 자신의 원칙인 믿음을 위협받을만한 상황도 많았을 것입니다.

다니엘은 개인적으로도 매우 어려운 정치 지도자의 생활을 할 수 밖에 없었습니다. 메데 바사 왕국의 다리오가 바벨론을 다스리는 시대가 되었습니다. 다리오는 120명의 새로운 각료들을 선발하였습니다. 유대 출신 각료였던 다니엘이 메데 바사 왕국의 세 명의 총리 중 한 명이 되었습니다.

다리오가 자기의 뜻대로 고관 백이십 명을 세워 전국을 통치하게 하고 또 그들
위에 총리 셋을 두었으니 다니엘이 그 중에 하나이라 (단 6:1~2a)

다니엘은 모든 면에서 다른 사람들보다 출중하였지만, 권력을 놓고 벌어지는 암투와 이방인들에 대한 차별로부터 자유로울 수 없었고, 모진 시기와 질투의 시선을 견뎌야 했을 것입니다.

이 모든 상황을 종합하여 볼 때 다니엘에게는 원칙과 신념보다는 타협과 처세가 필요한 시기였습니다. 그가 살아가는 시대 자체가 그에게 원칙을 포기하도록 위협하고, 신념을 포기하도록 강요하는 암울한 시대였던 것입니다.

이처럼 다니엘은 상당히 혼란스러운 시대적 배경 속에서 살고 있었고 외국의 이방 문화와 급변하는 권력의 소용돌이 속에서 많은 갈등을 겪을 수밖에 없었지만, 시대와 상관없이 성공적인 삶을 살아갈 수 있었습니다. 다니엘 6장은 다니엘이 이렇게 진정으로 성공한 인생을 살 수 있었던 비결에 대해 자세히 전해주고 있습니다.

자기 개발과 노력

먼저 다니엘은 어디에나 꼭 필요한 사람이 되기 위하여 부단히 자신

을 개발하고, 최선을 다하여 노력하였습니다.

> 다니엘은 마음이 민첩하여 총리들과 고관들 위에 뛰어나므로 왕이 그를 세워 전
> 국을 다스리게 하고자 한지라 (단 6:3)

여기서 '마음이 민첩하여'라고 번역된 본문은 다니엘이 특별한 실력과 자질을 갖추었다는 것을 의미하는 구절입니다. 다니엘은 처세술과 얄팍한 줄타기를 통하여 자신의 입지를 세워가는 사람이 아니었습니다. 그는 어느 시대에나 꼭 필요한 인물이 될 수 있었는데, 그것은 다니엘이 끊임없이 자신을 개발하고 삶에 최선을 다했기 때문입니다. 꼭 필요한 사람이 되도록 자기를 개발하지 않으면 원칙과 소신을 지키지 못하고 눈치를 보면서 살아가야 하는 사람이 될 수밖에 없습니다. 시대가 변해도 늘 꼭 필요한 사람으로 자신을 개발해 나가는 다니엘의 모습은 그의 성공의 비결이 어디에 있었는지를 잘 보여줍니다. 그가 한 시대를 타협과 처세술로 살았다면, 나라가 새롭게 바뀐 시대에 중요한 인물이 되지 못했을 것입니다.

정직함과 도덕성

다니엘은 허물없는 정직함과 도덕성을 소유하였습니다. 다니엘의 주

변에는 그를 시기하는 많은 사람들이 있었고, 그에게서 허물과 비리를 발견하려는 사람들이 줄을 서 있었습니다. 하지만 다니엘에게서 그런 흠을 발견할 수 없었습니다.

> 이에 총리들과 고관들이 국사에 대하여 다니엘을 고발할 근거를 찾고자 하였으나 아무 근거 아무 허물도 찾지 못하였으니 이는 그가 충성되어 아무 그릇됨도 없고 아무 허물도 없음이었더라 (단 6:4)

시대가 지나면 과거에 숨겨졌던 일들이 밝혀집니다. 우리나라에서도 과거 역사에 대한 진상을 규명하려는 노력들이 많이 있었습니다. 과거에 했던 모든 일들이 밝혀지고 평가되는 상황에서, 정직함과 도덕성이 없는 사람은 한 때 잘 나갈 수는 있으나 길이 성공한 사람으로 존경받을 수는 없습니다. 또한 주위의 감시의 시선들을 피하기 어려울 것입니다. 하나님을 경외함으로부터 나오는 다니엘의 정직함과 도덕성은 그의 성공을 보장해 주는 든든한 기둥이었습니다.

하나님 중심의 원칙과 소신

다니엘은 하나님 중심의 원칙과 소신을 버리지 않았습니다. 그는 주위의 각료들에 의해 제정된 새로운 법에 고발당하여, 생명이 위태로운 상황에 처하게 되었습니다.

> 그들이 이르되 이 다니엘은 그 하나님의 율법에서 근거를 찾지 못하면 그를 고
> 발할 수 없으리라 하고…이에 다리오 왕이 조서에 왕의 도장을 찍어 금령을 내
> 니라 (단 6:5~9)

이제 다리오 왕에 의해 절대로 변할 수 없는 법이 생겼습니다. 그것은 누구든지 30일 동안 왕 외에 어느 신에게도 기도하지 못하게 하는 것이었습니다. 다니엘은 하루 세 번 하나님께 기도하던 자신의 삶의 원칙을 변경하지 않으면 생명을 잃을 수도 있는 상황에 처하게 되었습니다. 그러나 다니엘은 전에 행하던 원칙대로 자신의 믿음 생활을 계속했습니다.

> 다니엘이 이 조서에 왕의 도장이 찍힌 것을 알고도 자기 집에 돌아가서는 윗방
> 에 올라가 예루살렘으로 향한 창문을 열고 전에 하던 대로 하루 세 번씩 무릎을
> 꿇고 기도하며 그의 하나님께 감사하였더라 (단 6:10)

시대가 바뀌고 새로운 문화와 삶의 방식이 자신을 위협해도 다니엘은 하나님만을 섬기고 기도하는 원칙을 버리지 않았습니다. 끝까지 자신의 생명을 걸고서 그 원칙을 고수했습니다. 생명보다 중요한, 평생에 걸쳐 지키고자 하는 원칙을 가진 다니엘은 하나님을 신뢰하는 그 원칙으로 성공적인 삶을 완성했습니다.

다니엘은 자신의 원칙대로 기도하다가 사자굴에 들어갔습니다. 사자

굴에 들어가는 상황에 처하여도 그는 하나님을 향한 자신의 원칙을 굽히지 않았습니다. 그러한 믿음이 그의 삶을 빛나게 하였습니다. 다니엘에게 이러한 원칙이 있었기에, 험한 시대를 살아오면서도 성공의 길을 당당히 걸어갈 수 있었던 것입니다. 그리고 원칙대로 지킨 믿음이 다니엘을 구원하였습니다.

> 왕이 심히 기뻐서 명하여 다니엘을 굴에서 올리라 하매 그들이 다니엘을 굴에서 올린즉 그의 몸이 조금도 상하지 아니하였으니 이는 그가 자기의 하나님을 믿음이었더라 (단 6:23)

이 험한 세상을 이겨낼 수 있는 것은 지혜로운 처세술이 아니라, 하나님의 말씀에서 나온 원칙이라는 것을 분명히 깨달아야 합니다. 이러한 원칙이 우리의 삶을 성공하는 삶으로 만들어 갈 것입니다.

09

하나님 나라를 소망하라

그러나 심판이 시작되면 그는 권세를 빼앗기고 완전히 멸망할 것이요
나라와 권세와 온 천하 나라들의 위세가 지극히 높으신 이의
거룩한 백성에게 붙인 바 되리니 그의 나라는 영원한 나라이라
모든 권세 있는 자들이 다 그를 섬기며 복종하리라 (다니엘 7:26~27)

성공적인 인생을 살아가고자 하는 사람은 멀리 내다볼 줄 아는 사람입니다. 당장 먹기 싫어도 후에 건강에 미칠 긍정적인 영향을 생각해서 야채를 먹는 사람이 건강합니다. 당장 힘들고 귀찮아도 후에 강한 체력을 갖기 위해서 운동에 힘쓰는 사람이 강한 체력을 소유할 수 있습니다. 당장 먹고 싶고 갖고 싶은 것이 있어도 미래를 대비하여 저축하는 사람이 건강한 미래를 가질 수 있는 것입니다. 당장 놀고 싶고 즐기고 싶어도 앞으로의 인생을 생각해서 자기를 개발하고 노력하는 사람이 좀 더 나은 미래를 가질 수 있는 것입니다. 우리는 많은 사람들의 성공 스토리에서 미래를 대비한 그들의 땀과 노력을 배울 수 있습니다.

예수 그리스도를 믿는 모든 성도들은 이 세상이 전부가 아님을 믿습니다. 결국 우리에게 이 세상에서의 삶이란 잠깐의 여행에 불과합니다. 따라서 영적으로 진정한 성공을 누리는 사람은 이 세상의 소유와 이 세상의 자랑에 유혹 되더라도 그것들에 마음을 두기보다는, 이 세상의 삶 이후에 있을 영원한 삶을 바라보고 하나님 나라를 위해 살아가는 사람이라고 할 수 있습니다. 이 세상에서 모든 것을 누리고자 하는 사람은 영원한 삶을 대비할 수 없습니다. 대부분의 사람들은 어렸을 때 공부를 많이 하지 않은 것에 대해 후회한다고 합니다. 실제로 어린 시절 공부하지 않은 것이 한이 되어 중년에 접어들어 새롭게 공부를 시작하는 사람도 있습니다. 왜 사람들이 어렸을 때 공부를 많이 하지 않은 것에 대해 후회할까요? 어렸을 때 열심히 공부하는 것이 미래의 인생에 있어 중요한 준비가 되기 때문입니다. 우리의 인생이 진정한 성공을 거두기 위해서는 이 세상에 사는 동안 하나님의 나라를 준비하는 삶을 살아야 한다는 것을 기억해야 합니다. 미래의 삶을 위해 준비하는 것이 바람직한 학창시절의 삶이듯 세상의 끝에 올 하나님의 나라를 위해 준비하는 것이 바로 이 세상에서의 성공적인 삶이라는 것은 분명한 진리입니다.

다니엘 후반부는 정말 중요한 말씀입니다. 여기 기록된 말씀은 바로 인류의 미래와 하나님의 나라에 대한 진정한 계시이기 때문입니다. 특히 다니엘 7장은 세상 나라들의 운명과 하나님 나라에 대해 설명해 주고 있기 때문에 매우 중요합니다. 우리는 이 말씀을 통해 진정으로 성공적인 인생을 살기 위해 우리가 진정으로 소망해야 할 것은 무엇인지 알게 될 것입니다.

묵시에 관하여

다니엘 7-12장은 요한계시록과 같이 묵시문학이라는 특별한 장르로 기록되었습니다. 묵시란 원래 '감추어져 있는 것의 계시, 감추어져 있는 비밀을 밝히는 일, 가려져 있는 것을 제거하는 일'을 뜻하는 말로, 인간에게는 감추어져 있는 하나님의 뜻이나 역사의 종말 등을 과격한 상징과 비유의 문학적 기법을 이용하여 기록한 것입니다. 묵시문학의 목적은 성도들에게 미래에 대한 확신을 갖게 함으로써, 현재의 삶을 믿음으로 살아갈 수 있는 용기를 주고자 하는 데에 있습니다. 성경에서는 다니엘과 요한계시록이 대표적이라고 할 수 있습니다. 또한 부분적으로는 스가랴 후반부와 이사야서 24~27장도 묵시문학의 성격을 가지고 있습니다. 묵시문학은 그 특성상 해석이 매우 어렵고, 때로는 공포스러운 느낌을 주기도 합니다. 하지만 상징이라는 껍데기를 벗겨내고 올바르게 해석한다면 성도들에게 매우 유익을 주는 내용으로 가득 차 있습니다. 다니엘 7장은 세상 나라와 하나님의 나라의 대결과 그 결과에 대해 다니엘이 본 환상을 기록하고 있습니다.

네 짐승과 인자 같은 이

다니엘 7장은 바벨론의 벨사살 왕이 즉위했을 때 하나님께서 다니엘에게 보여주신 환상입니다. 우리 주위에서 경험된 환상을 다 믿을 수는 없습니다. 하지만 성경에 기록된 환상들은 이미 성경에 기록된 말씀과 일치하며, 또한 성취가 되었다는 점에서 믿을 수 있습니다. 바벨론의 마지막 왕인 벨사살 왕이 즉위할 당시는 바벨론이 매우 강성하여 신실한 하나님의 백성들이 고난을 당했던 시기였습니다. 바벨론과 같은 세상 나라가 영원히 계속될 것만 같았던 암흑의 시대였습니다. 다니엘도 정권이 새롭게 바뀌면서 잠시 관직에서 물러나 조용히 살아가던 시기인 것으로 추정됩니다.

그 때에 다니엘이 보았던 환상은 너무도 기괴한 것이었습니다. 다니엘 자신도 그 의미를 파악하기가 불가능한 환상이었습니다. 다니엘은 이 환상을 보고 매우 괴로워했습니다.

> 나 다니엘이 중심에 근심하며 내 머리 속의 환상이 나를 번민하게 한지라 (단 7:15)

그 환상의 내용은 바다에서 네 마리의 큰 짐승이 나오는 것이었습니다. 첫째 짐승은 독수리의 날개를 가진 사자 같은 짐승이었는데 그가 사람의 마음을 받았습니다. 둘째 짐승은 세 갈빗대를 문 곰과 같은 짐승이 있는데 그에게 말하는 자가 '많은 고기를 먹으라' 하였습니다. 셋째 짐승은 새의 날개 넷을 가진 표범 같았는데 머리가 넷이었고 권세를 받았습니다. 마지막 짐승은 극히 강하고 무서우며 모든 것을 먹고 부수며 발로 밟아버리는 열 뿔을 가진 짐승이었습니다. 마지막 짐승은 죽임을 당하고, 나머지 짐승들은 권세를 빼앗겼습니다.

다니엘은 동시에 왕의 보좌에 '옛적부터 항상 계신 이'가 앉으셔서 흰옷을 입고 심판을 베푸시는 모습을 보았습니다. 그리고 '인자 같은 이'가 '옛적부터 항상 계신 이'에게 나와서 권세와 영광과 나라를 얻는 모습을 보았는데, 그 나라와 권세는 영원히 소멸되지 않는 것이었습니다.

다니엘은 이 환상을 깨달을 수 없어서 그 해석을 물어 알게 되었습니다. 이 짐승들은 세상에 있을 왕들, 즉 권력들을 의미하는 것입니다.

그 네 큰 짐승은 세상에 일어날 네 왕이라 (단 7:17)

세상의 폭력과 거짓으로 힘을 누리고 과시하는 모습을 바로 짐승의 모습으로 보여주고 계신 것입니다. 이 세상의 나라들은 인간의 마음을 소유하고 있으며, 많은 자들을 죽이고 약탈할 것이며, 세상을 다스리는 권세를 가지고 있으며, 모든 것을 죽이고 부술 정도의 힘을 가지고 있습니다. 모든 사람들은 이 세상의 나라에 마음이 빼앗겨 있는 것입니다. 이 짐승들은 그리스도가 통치하지 않는 인간 세상의 모습을 잘 보여주고 있는 것입니다. 하나님이 없는 세상의 모습은 바로 이런 것입니다.

마지막 짐승은 특히 강하고 잔인하며 '성도들과 더불어 싸우는' 특성을 가지고 있습니다.

> 그가 장차 지극히 높으신 이를 말로 대적하며 또 지극히 높으신 이의 성도를 괴롭게 할 것이며 그가 또 때와 법을 고치고자 할 것이며 성도들은 그의 손에 붙인 바 되어 한 때와 두 때와 반 때를 지내리라 (단 7:25)

'한 때와 두 때와 반 때'란 교회와 성도가 짐승(사탄)의 세력에 의해 핍박당할 말세를 의미하는 것입니다. 요한계시록에서 교회를 상징하는 여자가 사탄을 상징하는 뱀 혹은 용에게 핍박을 당하는 시기를 '한 때와 두 때와 반 때'로 기록하고 있습니다.

> 그 여자가 큰 독수리의 두 날개를 받아 광야 자기 곳으로 날아가 거기서 그 뱀의 낯을 피하여 한 때와 두 때와 반 때를 양육 받으매 여자의 뒤에서 뱀이 그 입으로 물을 강 같이 토하여 여자를 물에 떠내려가게 하려 하되 땅이 여자를 도와 그 입을 벌려 용의 입에서 토한 강물을 삼키니 용이 여자에게 분노하여 돌아가서 그 여자의 남은 자손 곧 하나님의 계명을 지키며 예수의 증거를 가진 자들과 더불어 싸우려고 바다 모래 위에 서 있더라 (계 12:14~17)

'한 때와 두 때와 반 때'가 무엇을 의미하는가에 대하여 논란이 많지만, 중요한 것은 이 구절이 사탄의 세력이 교회의 성도들을 핍박하는 시기를 가리킨다는 것입니다. 말세로 향해 가는 지금 이 시점에 세상의 나라가 더욱 활발히 활동 영역을 넓히며 성도들을 위협하고 있다는 것은 분명합니다. 다니엘의 환상에서와 같이 또한 요한계시록의 말씀과 같이 이 시대는 세상이 성도들을 괴롭히며 혼란케 하고, 하나님의 말씀을 지키며 살아가는 신실한 자들을 핍박하는 시대입니다. 이러한 '짐승의 시대'에 하나님께서는 다니엘을 통해 말씀하고 계시는 것입니다.

하나님의 나라를 소망하라

다니엘 7장은 결국 하나님의 나라가 승리할 것을 말씀하고 있습니다. 세상의 짐승들이 믿는 자들을 핍박하고 믿는 자들과 싸워 승리하겠지만, 결국 하나님께서 '인자 같은 이'로 표현된 예수 그리스도를 통해 모든 권세와 영광과 나라를 세우실 것을 환상을 통해 보여주고 계십니다. 다니엘에게 보여주셨던 환상은 결론적으로 무엇을 말씀하고 있습니까?

첫째, 잠시 동안의 환난과 핍박이 있을지라도 결국 예수 그리스도를 섬기며 하나님의 계명을 지키는 신실한 자들이 하나님의 나라를 누리며 살아갑니다.

그 네 큰 짐승은 세상에 일어날 네 왕이라 지극히 높으신 이의 성도들이 나라를 얻으리니 그 누림이 영원하고 영원하고 영원하리라 (단 7:17~18)

우주에는 두 나라가 있습니다. 하나는 우리가 육신을 입고 사는 세상 나라이며, 다른 하나는 하나님께서 만드는 영원한 하나님의 나라입니다. 이 세상 나라가 아무리 강하고 사탄의 세력이 성도들을 위협하고 핍박한다 할지라도 결국 하나님의 성도들만이 영원한 하나님 나라를 얻으며 그 나라에서 영원한 권세를 누리는 것입니다. 세상을 바라보면 신실한 주의 성도들이 역사의 중심에서 밀려나는 것 같은 느낌이 들 때도 많이 있습니다. 세상 나라를 바라볼 때는 하나님의 말씀보다 세상의 힘에 복종하며 세상의 지배적인 논리를 따라가야 성공적인 인생을 살 것 같은 착각에 빠질 때가 많이 있습니다. 그러나 우리는 하나님의 나라를 소망해야 하며, 하나님의 나라는 하나님의 말씀을 따라 순종하며 살아가는 성도들에게 주어지는 것임을 믿어야 할 것입니다. 이 세상 나라는 사탄의 힘과 논리에 의해 지배되고 있습니다. 죄를 짓고 타락할수록 더욱 잘 되고 인정받는 것이 바로 이 세상의 스타들입니다. 하지만 세상 나라에서 당장 잘 될 것을 꿈꾸는 사람은 미래를 준비하지 못하는 사람이며, 결국 이 세상에서 사탄의 노예가 되어 죄악 가운데 죽어가는 것입니다. 성도들은 하나님의 나라를 소망하며, 그 나라에서 영원한 권세를 누릴 것을 소망해야 합니다. 그 소망 가운데 환난과 핍박도 이길 수 있는 힘을 얻게 되는 것입니다.

　둘째, 때로 세상의 힘이 성도들을 이기더라도 결국 하나님의 도우심이 성도들을 보호하고 승리를 주실 것입니다.

내가 본 즉 이 뿔이 성도들과 더불어 싸워 그들에게 이겼더니 옛적부터 항상 계
신 이가 와서 지극히 높으신 이의 성도들을 위하여 원한을 풀어 주셨고 때가 이
르매 성도들이 나라를 얻었더라 (단 7:21~22)

성도들은 사탄의 힘과 권세 앞에 때로 패배할 수밖에 없는 연약한 존재들입니다. 그러나 하나님께서 성도들을 위해 싸우실 것이고, 성도들에게 승리의 판결을 주실 것입니다. 하나님께서는 스스로 하나님을 대적하여 죄 가운데 살아가던 우리를 위해 예수 그리스도를 보내셨습니다. 죄 가운데서 사탄에게 휘둘리던 삶에서 벗어나 성령을 좇아 하나님의 선한 뜻을 이루는 승리의 삶을 가능하게 하셨습니다. 성도들은 하나님께 나아가면 승리의 삶을 살 수 있습니다. 누구든지 예수 그리스도 앞에 죄악을 고백하고 나아가면 승리를 거둘 수 있는 것입니다. 성도들은 스스로의 약함에 좌절하고 쓰러질 필요가 없습니다. 하나님께서 성도들을 보호하고 도우실 것이기 때문입니다.

셋째, 악의 세력은 반드시 멸망한다는 것입니다.

그(짐승)가 장차 지극히 높으신 이를 말로 대적하며 또 지극히 높으신 이의 성도
를 괴롭게 할 것이며 그가 또 때와 법을 고치고자 할 것이며 성도들은 그의 손에
붙인바 되어 한 때와 두 때와 반 때를 지내리라 그러나 심판이 시작되면 그는 권
세를 빼앗기고 완전히 멸망할 것이요 (단 7:25~26)

이 세상은 하나님의 심판이라는 분명한 종말을 향해 가고 있습니다.

지금 볼 때는 종말이 오지 않을 것처럼 보일지라도, 역사의 결말은 하나님의 심판입니다. 잠시 잠깐 거짓이 승리하고 악이 성공할 수 있으나, 결국 이 세상의 모든 악은 하나님에 의해 심판을 받게 될 것입니다. 악인은 잠시 날아오르다가 불에 타버릴 겨와 같은 존재입니다(시 1:4). 이 세상에서 잠시 성공하는 악의 세력은 반드시 멸망합니다. 성도들은 끝을 볼 수 있어야 합니다. 성도들은 시냇가에 심은 나무와 같이 하나님의 말씀을 먹고 성장하여 열매를 맺는 성도가 되어야 합니다. 하나님의 나라를 소망하지 못하면 성도들도 결국 이 세상의 악을 따라 갈 수밖에 없습니다. 다시 한 번 강조하지만 하나님의 나라를 소망하여야 합니다.

네 하나님이 통치하신다

이사야서에는 하나님의 나라를 소망하며 승리를 선포하는 복음이 제시되어 있습니다.

> 좋은 소식을 전하며 평화를 공포하며 복된 좋은 소식을 가져오며 구원을 공포하며 시온을 향하여 이르기를 네 하나님이 통치하신다 하는 자의 산을 넘는 발이 어찌 그리 아름다운가 (사 52:7)

그것은 바로 '네 하나님이 통치하신다'는 선언입니다. 결국 복음이란 하나님의 나라에 대한 선포입니다. 예수께서는 공생애를 시작하시면서 '회개하라 천국이 가까왔느니라'고 선포하셨습니다. 결국 복음은 자신의 죄악에서 돌이키는 회개를 통해 하나님 나라에 들어갈 준비를 촉구하는 선포입니다. 하나님의 나라는 결국 하나님이 다스리시는 나라입니다. 따라서 복음은 '하나님이 통치하실 것'이라는 선포입니다. 하나님께서는 결국 온 세상을 통치하실 것입니다. 하나님께서 통치하시는 나라에서는 성도들이 영원한 영광을 얻게 됩니다.

우리가 영원한 하나님의 나라에서 왕 노릇하기 위해 이 땅에서 필요한 것은 무엇입니까? 영원한 생명을 위해 우리가 준비해야 할 것은 무엇입니까? 바로 우리가 이 세상에서 살아가지만 하나님의 나라를 소망하는 것이며, 나의 삶을 하나님의 통치 영역이 되도록 내어드리는 것입니다. 그것이 바로 가장 성공적인 인생을 살아가는 모범 답안입니다.

하나님의 나라를 소망하고, 나의 삶이 하나님의 통치 영역이 되는 것은 '진정한 회개'로부터 출발합니다. 우리 자신이 진정한 회개를 통해 자신의 삶을 돌이킬 때, 성령의 인도하심을 통해 순종하는 삶으로 변화되어 가는 것을 경험합니다. 그렇게 우리의 삶이 변화될 때, 우리가 섬기는 이 땅은 하나님의 말씀이 통치하는 곳으로 아름답게 변해갈 수 있습니다. 그렇게 하나님의 뜻이 이 땅에 이루어지도록 하는 것이 우리의 사명입니다. 언제나 하나님의 나라를 소망하면서 자신의 삶과 이 땅에 하나님의 통치가 이루어지도록 영적 싸움을 계속해 나가는 성공적인 인생이 되시기를 소망합니다.

10
하나님을 바라보며 인생을 설계하라

그가 꾀를 베풀어 제 손으로 속임수를 행하고 마음에 스스로 큰 체하며
또 평화로운 때에 많은 무리를 멸하며 또 스스로 서서 만왕의 왕을
대적할 것이나 그가 사람의 손으로 말미암지 아니하고 깨지리라
이미 말한 바 주야에 대한 환상은 확실하니 너는 그 환상을 간직하라
이는 여러 날 후의 일임이라 하더라 (다니엘 8:25~26)

다니엘 8장은 하나님께서 다니엘에게 앞으로 일어날 일을 예고해 주
신 말씀입니다.

이르되 진노하시는 때가 마친 후에 될 일을 내가 네게 알게 하리니 이 환상은 정
한 때 끝에 관한 것임이라 (단 8:19)

이 환상은 다니엘이 지금까지 보았던 환상의 내용과 일맥상통합니
다. 다니엘이 보았거나 해석했던 꿈과 환상을 정리해 보면 그 내용이 유
사함을 알 수 있습니다. 다니엘 2장에 나오는 느부갓네살의 꿈은 큰 신

상이 손대지 아니한 돌에 의해 파괴되는 것이었습니다. 이 꿈의 의미는 역사적으로 강성한 여러 나라들이 결국은 예수 그리스도에 의해 종말을 겪게 될 것임을 말씀하는 것입니다. 다니엘 4장에 나오는 느부갓네살의 두 번째 꿈은 땅의 중앙에 하늘에까지 닿는 큰 나무가 있었는데, 한 순찰자가 하늘에서 내려와서 그 나무를 베고 그루터기만 남겨두는 것이었습니다. 이 꿈은 가장 교만했던 제국의 지도자 느부갓네살의 운명을 계시하며, 장차 이 세상에서 하나님을 모르는 교만한 지도자들을 하나님께서 심판하실 것임을 보여주고 있습니다. 다니엘 5장에 기록된 벨사살의 연회장에 나타난 '메네 메네 데겔 우바르신'이라는 글귀는 결국 이 세상 모든 인간의 행위를 하나님께서 세고 계시며, 모든 인간은 하나님의 심판 아래 있음을 보여주는 것입니다. 다니엘 7장에는 강력한 네 짐승과 인자 같은 이의 환상이 나옵니다. 이 환상은 세상을 지배하는 힘과 권력은 결국 멸망할 수밖에 없으며, 믿음을 지킨 성도들만이 하나님 나라의 권세를 얻게 될 것을 보여주고 있습니다.

다니엘 8장은 숫양과 숫염소에 대한 환상을 통해 바벨론 이후에 일어날 강력한 세상의 나라들이 갖는 악한 특징과 그 나라들의 운명을 보여주는 환상입니다. 이 말씀은 하나님을 대적하는 세상의 악한 특징을 잘 보여주고 있으며, 동시에 성도들이 세상을 좇아가지 않고 하나님을 향하여 살아가야 한다는 교훈을 전하고 있습니다. 이 말씀은 21세기를 사는 우리들에게도 세상 역사의 진행 방향을 보여주며, 우리들이 어떻게 인생을 설계하며 살아야 하는지를 깨닫게 해 줍니다.

숫양과 숫염소의 환상

환상의 내용을 조금 자세히 살펴보도록 하겠습니다. 다니엘은 바벨론의 벨사살 왕 3년에 이 환상을 보게 되었습니다. 다니엘은 메대와 페르시아 연합군이 바벨론을 정복하기 이전에 이미 페르시아 왕의 겨울 궁이었던 수산성에서 숫양과 숫염소에 대한 환상을 보게 되었습니다.

이 환상의 특이한 점은 이전의 환상들과는 달리 앞으로 일어날 나라들에 대한 정확한 정보를 제공하며, 그 일들이 반드시 일어날 것임을 강조하고 있다는 사실입니다. 두 뿔 가진 숫양은 메데와 페르시아(바사)의 왕들을 가리키며, 털이 많은 숫염소는 헬라를 가리키는 것으로 분명히 해석되고 있습니다.

> 네가 본 바 두 뿔 가진 숫양은 곧 메대와 바사 왕들이요 털이 많은 숫염소는 곧 헬라 왕이요 그의 두 눈 사이에 있는 큰 뿔은 곧 그 첫째 왕이요 이 뿔이 꺾이고 그 대신에 네 뿔이 났은즉 그 나라 가운데에서 네 나라가 일어나되 그의 권세만 못하리라 (단 8:20~22)

이미 다니엘은 이 환상을 통해 바벨론 제국의 멸망을 어느 정도 예견하고 있었던 것으로 보입니다.

실제로 두 뿔 가진 숫양으로 표현되는 메대와 바사는 서와 북과 남으로 영토를 넓히면서 대 제국을 건설하였으나, 오래 가지 못하고 서쪽에서부터 남쪽과 동쪽과 영화로운 땅(예루살렘)으로 정복해 오는 숫염소 헬라에 의해 멸망하게 되었습니다. 메대와 바사는 동방의 제국이었고, 헬라는 서방의 제국이었으므로 성경에 기록된 숫양(메대와 바사)과 숫염소(헬라)의 진행 방향은 실제 영토의 확장 방향과 일치합니다. 숫염소의 두 눈 사이에 있는 현저한 뿔은 헬라의 알렉산더 대제를 말하는 것이 확실합니다. 알렉산더는 강성할 때 죽고 말았으며, 후에 네 뿔로 묘사되는 왕들에 의해 네 개의 제국으로 분할되었는데, 이 역시 역사의 기록과 일치합니다.

이제 그 네 뿔 중 하나에서 작은 뿔이 나타나는데, 이것이 심히 커져서 영화로운 땅을 침범하게 됩니다.

그 중 한 뿔에서 또 작은 뿔 하나가 나서 남쪽과 동쪽과 또 영화로운 땅을 향하여
심히 커지더니 (단 8:9)

이 작은 뿔은 역사적으로 수리아의 안티오쿠스 에피파네스 4세를 말하는 것입니다(B.C. 175~163년). 그는 이스라엘 백성들을 노예로 삼아 철저히 헬라화 시키려던 사람이었습니다. 그는 스스로를 세상에 나타난 하나님으로 자처하면서, 자신의 이름에 '에피파네스'라는 호칭을 붙였습니

다. '에피파네스'라는 말은 '신의 현현'을 의미하는 말입니다. 이 악한 왕은 유대인들에게 제우스 숭배와 황제 숭배를 강요하였으며, 대제사장직을 경매에 붙여 팔고, 구약시대 유대 사회에서 부정한 짐승이었던 돼지를 성전에 제물로 드리도록 강요했다고 전해집니다. 후에 그는 성전의 지성소에 제우스에게 제사 드리는 제단을 세우게까지 하였습니다.

숫양과 숫염소의 환상은 이렇게 역사적으로 강한 힘을 가지고 하나님을 대적했던 자들에 대한 환상입니다. 이 환상은 하나님께 대적하는 강한 세상의 권력이 어떠한 특징을 가지고 있으며 그들의 결말은 어떠한지를 우리에게 보여줌으로써, 장차 우리 시대에 강한 힘을 가지고 하나님을 대적하는 세력을 분별하게 해주며, 믿음을 지키고 인내할 것을 가르치고 있습니다. 이 환상을 통해 하나님을 대적하는 세상의 특징을 알아보겠습니다.

진리를 버리고 자신의 임의로 행한다

사탄이 지배하는 세상의 특징은 기준이 없이 임의로 살아간다는 것에 있습니다. 숫양의 특징은 '그가 원하는 대로 행하고 강하여지는 것'입니다. 숫염소의 특징은 '진리를 땅에 던지며 자의로 행하여 형통한 것'이라고 기록하고 있습니다. 이 세상은 자신이 원하는 것을 기준으로 삼고 살아갑니다. 하나님의 말씀이 주는 진리를 버리고, 자신들의 마음대로 행동하며 살아가는 것입니다. 그렇게 자신들의 힘으로 마음껏 힘을 확장하는 것이 가장 선한 것으로 간주되는 것이 바로 이 세상입니다. 죄악된 방법으로라도 부하게 되면 선한 것이요, 어긋난 방법으로라도 쾌락을 가져다주면 선한 것이라는 기준이 예전이나 지금이나 세상을 지배하고 있습니다. 이것은 시대가 달라져서 오는 것이 아니라, 죄악된 인간의 영적 본성입니다. 성경은 하나님을 믿고 하나님의 말씀을 기준으로 살아가기 전의 인간을 '마음이 원하는 대로 행하는 죄악된 상태'라고 말씀하고 있습니다.

전에는 우리도 다 그 가운데서 우리 육체의 욕심을 따라 지내며 육체와 마음의 원하는 것을 하여 다른 이들과 같이 본질상 진노의 자녀이었더니 (엡 2:3)

인간은 자신이 하고 싶은 대로 행동할 때 가장 악한 결과를 초래하게 됩니다.

그들의 목구멍은 열린 무덤이요 그 혀로는 속임을 일삼으며 그 입술에는 독사의 독이 있고 그 입에는 저주와 악독이 가득하고 그 발은 피 흘리는데 빠른지라 (롬 3:13~15)

이것이 바로 인간의 본성입니다. 이 세상은 이러한 인간의 본성을 개혁하려 하지 않고, 원하는 대로 행동하기 위해 하나님의 기준을 파괴하고 있는 것입니다. 이 세상은 자신만 잘되면 모든 것이 아름답다고 여기는 세상이 되어가고 있는 것입니다. 복음마저 나만 축복받으면 되는 샤머니즘적 복음으로 전락하게 되는 것은 바로 이러한 인간의 본성 때문입니다. 이 세상은 하나님의 말씀을 버리고, 인간의 쾌락과 물질적 풍요만을 선한 것으로 인정하고 있습니다. 이것이 바로 지금까지 그리고 앞으로도 세상을 지배할 숫양과 숫염소의 모습입니다. 그들은 다양한 모습으로 우리를 유혹합니다. 권력, 문화, 기술 등 다양한 방면에서 성도들이 진리를 버리고, 마음의 욕망대로 행하도록 유혹합니다. 세상은 그렇게 진리를 잃어버리고, 인간 스스로를 진리로 높이 세우고 있습니다. 이것이 바로 인본주의의 본질입니다.

힘의 논리를 따른다

이 환상 속에 나타난 숫양과 숫염소는 엄청난 힘을 가지고 강성해졌습니다.

> 내가 본즉 그 숫양이 서쪽과 북쪽과 남쪽을 향하여 받으나 그것을 당할 짐승이 하나도 없고 그 손에서 구할 자가 없으므로 그것이 원하는 대로 행하고 강하여졌더라 내가 생각할 때에 한 숫염소가 서쪽에서부터 와서 온 지면에 두루 다니되 땅에 닿지 아니하며 그 염소의 두 눈 사이에는 현저한 뿔이 있더라 그것이 두

뿔 가진 숫양 곧 내가 본 바 강 가에 섰던 양에게로 나아가되 분노한 힘으로 그것에게로 달려가더니 내가 본즉 그것이 숫양에게로 가까이 나아가서는 더욱 성내어 그 숫양을 쳐서 그 두 뿔을 꺾으나 숫양에게는 그것을 대적할 힘이 없으므로 그것이 숫양을 땅에 엎드러뜨리고 짓밟았으나 숫양을 그 손에서 벗어나게 할 자가 없었더라 (단 8:4~7)

세상은 힘의 논리로 서로를 대적하며, 이긴 자가 스스로를 질서라고 부르고 있습니다. 이것이 바로 세상의 모습입니다. 세상은 강한 자가 세력을 얻으며, 강한 자가 진리가 되는 것입니다. 사랑과 희생의 원리가 아니라, 분노에서 나온 힘으로 서로를 이겨야 승리하는 것처럼 보이는 것이 바로 이 세상입니다.

이 짐승들이 이렇게 강한 힘으로 서로 대적하게 만드는 것은 분노라는 감정입니다. 숫염소는 '분노한 힘'으로 숫양에게 달려갔고, 더욱 성내어 숫양을 쳤습니다. 사랑이 없는 세상 속에서 인간들은 서로 강자가 되기 위하여 서로를 대적하고 있습니다. 세상의 반복되는 흥망성쇠가 보여주는 것은 사람들이 힘으로 서로를 이기려고 싸우고 있으나 그 싸움 속에서 결국 모두 망하게 된다는 것입니다. 이웃들이, 이웃 지역들이, 이웃 나라들이 서로에 대하여 분노하여 싸우는 것은 이기는 자들에게 잠시의 성취감을 주지만, 결국은 모두에게 불행을 주게 되는 것입니다.

심각한 것은 힘의 논리가 지배하는 세상에서는 더욱 강한 분노가 서로에게 촉발된다는 것입니다. 힘 있는 나라가 약한 나라를 침략하며, 강한 민족이 약한 민족을 정복합니다. 약한 민족은 살아남기 위해 자기 나름의 방식으로 저항하며 테러와 범죄를 일삼고 있습니다. 결국 무고한 사람들이 그 가운데 희생되고 있습니다. 하나님 없는 인간, 진리를 버린 인간은 이렇게 서로를 불행하게 할 수밖에 없습니다. 아무리 구호를 외치고, 이성적 판단을 요구해도, 힘의 논리가 지배하는 세상은 결국 모두를 불행하게 합니다. 인류 역사에 전쟁과 싸움이 그쳤던 적이 없었다는 것은 누구나 알고 있습니다. 그 모든 전쟁과 싸움의 원인은 바로 더 강한 자가 되기 위하여 서로를 대적하는 분노에 있습니다. 이것이 바로 사탄이 지배하는 세상의 특징입니다.

하나님을 대적한다

이 환상 중에 나타난 숫염소의 현저한 뿔 넷이 하늘로 향하여 커져만 갔습니다. 그 뿔들은 하늘 군대에 미칠 만큼 커졌다고 기록되어 있습니다. 이것은 바로 하나님을 대적하는 세상의 모습을 보여주는 것입니다. 스스로 강해진 개인과 나라는 언제나 자신의 힘을 자랑하며 하나님을 대적해 왔습니다. 교만의 유혹을 떨쳐버리지 못했던 것입니다.

바벨탑 이후 인간은 끊임없이 자신의 힘으로 하나님을 향해 도전하였습니다. 이제는 하나님 대신에 과학을 통해 생명체를 창조하려고까지 합니다. 하나님께서 금한 것들을 당연한 것으로 가르치며 즐기고 있습니다. 비윤리적인 과학적 시도들이 계속되고, 비도덕적인 쾌락의 문화가 온 땅을 덮었습니다. 모두가 하나님께 영광을 돌리는 삶을 버리고, 자신이 높아지며 육체적 웰빙을 추구하는 삶을 최고의 것으로 여기고 있습니다. 교회의 예배마저도 개인적인 욕망을 채우는 샤머니즘적 의식으로 변질되어 버렸고, 성령은 개인의 욕망을 채워주는 종의 역할을 강요받기에 이르렀습니다. 이 세상은 그렇게 하나님께서 받아야 할 영광을 자신들의 것으로 만들어 버렸습니다.

> 또 스스로 높아져서 군대의 주재(하나님)를 대적하며 그에게 매일 드리는 제사를 없애 버렸고 그의 성소를 헐었으며 그의 악으로 말미암아 백성이 매일 드리는 제사가 넘긴 바 되었고 (단 8:11~12a)

스스로 하나님과 같이 되어 모든 영광을 차지하려는 인간의 죄성은 아담과 하와에게 뱀이 유혹한 이후로 인류 역사에서 하루도 사라진 날이 없었습니다.

> 너희가 그것을 먹는 날에는 너희 눈이 밝아져 하나님과 같이 되어 선악을 알 줄 하나님이 아심이니라 (창 3:5)

사탄은 항상 인간에게 '천하만국을 줄 테니 나에게 경배하라'고 인간을 유혹합니다. 인간은 자신이 높아지기 위해 하나님을 버리고, 대신 사탄의 종이 되어 살아가고 있습니다. 이것이 바로 하나님을 대적하는 세상의 특징입니다.

하나님을 바라보며 삶을 계획하라

우리는 이러한 세상의 모습을 보고 세상을 따라가야만 행복할 것 같은 유혹을 느낍니다. 또한 세상에서의 강자가 될 수 없다고 생각하면 절망하기도 합니다. 하지만 말씀은 우리를 위해 '거룩한 자'를 통해 환상의 해석을 전해 줍니다. 어느 때까지 이런 세상이 계속될 것인가 질문하는 우리에게 말씀하고 있습니다.

> 내가 들은즉 한 거룩한 이가 말하더니 다른 거룩한 이가 그 말하는 이에게 묻되 환상에 나타난 바 매일 드리는 제사와 망하게 하는 죄악에 대한 일과 성소와 백성이 내준 바 되며 짓밟힐 일이 어느 때까지 이를꼬 하매 (단8:14)

아무리 강한 세상의 힘이라도 세상의 사탄 권세는 이제 곧 끝나게 되어 있습니다.

> 그가 꾀를 베풀어 제 손으로 속임수를 행하고 마음에 스스로 큰 체하며 또 평화로운 때에 많은 무리를 멸하며 또 스스로 서서 만왕의 왕을 대적할 것이나 그가 사람의 손으로 말미암지 아니하고 깨지리라 (단8:25)

그 세상은 영원히 지속되지 않는다는 것을 꼭 기억해야 합니다. 우리는 세상 질서를 재편하고, 영원히 다스리실 하나님을 바라보며 우리의 삶을 계획해야 합니다. 이천 삼백 주야는 역사적으로는 안티오쿠스 에피파네스 4세가 믿는 자들을 박해하고 하나님을 대적하던 B.C. 171년에서 165년까지를 의미하며, 장차 영적으로 주님께서 재림하심으로 하나님의 나라를 완성하실 때까지를 의미합니다.

우리가 소망하는 하나님의 나라는 그리스도의 초림에서 시작되어 그리스도의 재림으로 완성될 것입니다. 이제까지 세상 나라들이 세상을 지배한 것처럼 보이지만, 이미 그리스도께서 세상에 오셔서 사탄의 세력을 도말하기 시작하셨으며, 이제 재림의 시기가 이르면 모든 일이 완성될 것입니다. 다니엘 8장은 이 모든 환상이 '정한 때'에 관한 것임을 말씀합니다.

두 뿔을 가진 숫양 메대와 바사의 왕들, 털이 많은 숫염소 헬라의 왕들, 그리고 네 뿔과 그 중에 난 뿔인 안티오쿠스 에피파네스도 스스로 강성하였지만, 결국 멸망한다는 것이 분명한 역사의 교훈입니다. 결국 하나님의 진리를 버리고 스스로 만들어낸 인간의 강성함은 깨어집니다. 세상 나라를 무너뜨리고 세워질 하나님의 나라는 사람의 손으로 될 것이 아닙니다. 우리는 절망할 필요가 없습니다. 우리가 열심히 하나님의 나라를 위해 일하면, 하나님의 능력으로 악이 제거되고 영원한 하나님의 나라가 완성될 것입니다.

이 환상의 결론은 '그 뜻을 깨닫는 사람도 없었다'(단 8:27)는 것입니다. 이 세상에서 주님의 말씀을 떠나서 하나님의 뜻을 깨닫는 사람은 있을 수 없습니다. 하나님의 계시의 말씀을 믿음으로 받는 성도들만이 깨달을 수 있습니다.

세상의 힘들을 두려워하거나 세상의 유혹에 넘어가지 말고, 하나님을 바라보며 인생을 설계하십시오. 이 세상의 결말은 분명히 우리 앞에 주어졌습니다. 세상에서 사탄의 유혹을 따라 진리를 버리고 임의로 자신의 쾌락을 따라 살아가며, 분노와 적대감으로 싸우며 권력을 휘두르며, 스스로 교만하여 하나님을 대적하는 자들과 한 편이 되지 말고, 하나님을 향하여 어떤 인생을 살아야 할지 말씀 안에서 답을 찾는 성도들이 되길 바랍니다. 그렇게 우리의 인생을 하나님을 바라보며 설계하였을 때, 우리의 삶의 모습은 하늘의 별과 같이 빛나며, 의미있는 인생으로 인류 역사에 영원히 남을 뿐 아니라, 하나님 나라의 영원한 영광에 동참하게 될 것입니다.

11

하나님께 무릎 꿇는 용기를 가지라

내가 금식하며 베옷을 입고 재를 덮어쓰고 주 하나님께 기도하며
간구하기를 결심하고 내 하나님 여호와께 기도하며 자복하여 이르기를
크시고 두려워할 주 하나님, 주를 사랑하고 주의 계명을 지키는 자를 위하여
언약을 지키시고 그에게 인자를 베푸시는 이시여 (다니엘 9:3~4)

우리는 태어나는 순간부터 자급자족의 능력을 갖추기 위해 애쓰고
수고합니다. 스스로 걷는 것부터 시작하여 점차 많은 일을 스스로 할 수
있는 능력을 키워갑니다. 스스로 판단하려 노력하며, 스스로 일하며, 삶
에 필요한 것들을 얻기 위해 수고합니다. 그러한 과정에서 우리는 자기
의존의 규칙을 배워 나갑니다. 우리 모두는 성장하면서 자연스럽게 스
스로 모든 일을 하게 될 것이라 여기고, 스스로 완벽한 판단력과 능력을
갖게 될 것으로 생각합니다. 이렇게 아무에게도 의존하지 않고 스스로
모든 일을 할 수 있고, 스스로 모든 결정을 내릴 수 있는 완전한 인간은
예전부터 모든 철학자들이 꿈꿨던 인간상입니다.

자율적이며 독립적으로 누구의 간섭도 받지 않고 자신의 삶을 경영하려는 사람에게 기도는 매우 부자연스러운 것이고 황당한 것일지도 모릅니다. 기도는 오히려 자기 경영을 방해하는 장애물에 불과할 수도 있습니다. 기도는 의지가 약한 자들의 자기비하이며, 대책 없는 의존성을 드러내는 것일 수도 있습니다. 이러한 인식 탓에 현대 사회에서 기도는 설 자리를 잃어가고 있습니다.

하지만 이런 생각들은 모두 기도에 대한 오해에서 나오는 것입니다. 기도는 하나님에 대한 무조건적 의존 행위가 아닙니다. 스스로 노력하지 않으려는 의지박약형 인간의 자기 비하도 아닙니다. 기도는 신을 감동시키기 위해 새벽부터 정성을 다하는 기원이 아닙니다. 자신이 원하는 것을 이루기 위해 절대자의 도움을 요청하는 간청도 아닙니다. 기도는 영적으로 하나님과 교통하며 하나님의 뜻에 따라 순종하기를 결단하는 적극적 행위입니다.

〈너무 바빠서 기도합니다〉라는 책에 보면 '기도는 인간의 자율성에 대한 도전이요 독립적인 삶에 대한 고발이다'라는 구절이 있습니다. 자기 경영을 추구하는 현대인들에게 기도에 대한 인식의 전환을 요구하는 의미 있는 지적입니다. 기도는 자신의 소원이 이루어지기만을 원하는 인간의 이기심에 대한 도전이며, 하나님의 뜻을 무시하고 자신의 쾌락과 유익만을 추구하는 인간의 죄악된 본질의 억제입니다. 기도는 영적으로 하나님과 교통하며 하나님의 뜻을 알고, 그 뜻에 순종하기를 결단하는 적극적 행위입니다. 예수님께서는 이 땅에서 언제나 하나님의 뜻을 깨닫고 순종하기 위해 기도하셨으며, 우리에게도 그러한 기도를 가르치셨습니다. 예수님의 인생이 성공적이었던 이유는 바로 예수님의 기도 때문입니다. 맹목적으로 소원 성취를 위해 드리는 기도나 자기 자신의 욕망을 위한 간절한 기원은 하나님께 드리는 기도가 아닙니다. 기도의 본질은 하나님의 뜻을 깨닫고, 그 뜻에 순종하는 마음을 얻기 위함입니다.

사실 기도를 통해 하나님의 뜻을 알고 그 뜻에 복종하는 것을 좋아하는 사람은 없습니다. 우리의 죄악된 본성이 그것을 싫어하기 때문입니다. 그럼에도 불구하고 우리는 기도하지 않을 수 없습니다. 그 이유는 첫째, 우리 모두가 자신의 인생을 스스로 경영할 수 없다는 한계에 부딪히면서 나의 삶을 인도하는 분이 계셔야 한다는 사실에 동의할 수밖에 없기 때문입니다. 우리는 스스로 인생을 경영하다가 실패합니다. 이것은 능력이 없어서가 아니라, 우리의 죄악된 본성 때문입니다. 우리의 죄악된 본성은 우리의 인생을 파멸로 인도합니다. 우리는 좋은 길로 간다고 생각하지만, 실상 우리의 판단은 늘 그릇되기 마련입니다. 따라서 우리의 삶을 옳은 길로 인도해 줄 분이 필요하다는 것을 뼈저리게 체험합니다.

둘째, 우리가 옳은 길을 깨닫고 그 길을 가려고 할 때, 하나님이 아니면 해결되지 않는 일들이 너무나 많기 때문입니다. 우리의 죄악된 본성은 여전히 우리를 옳은 길에서 벗어나도록 끊임없이 유혹합니다. 사탄은 계속해서 우리의 탐욕을 자극하며, 우는 사자와 같이 우리를 파멸시키려 합니다. 우리에게는 사탄의 방해에도 불구하고 하나님께서 주신 옳은 길로 나아갈 만한 능력이 없습니다. 따라서 우리는 불가피하게 기도하게 됩니다. 나아가 기도의 능력을 체험하면서 기쁨으로 기꺼이 기도하게 됩니다.

다니엘의 기도

다니엘 9장에는 민족의 격동기에 하나님께 기도하고 있는 다니엘의 모습이 소개되고 있습니다. 우리는 다니엘의 기도를 통하여 하나님께 무릎 꿇어야 하는 이유를 분명히 깨닫고, 하나님께 무릎 꿇는 용기 있는 성도가 될 수 있을 것입니다.

다니엘이 하나님 앞에 엎드려 기도했던 이유를 세 가지로 정리해 볼 수 있습니다.

먼저 다니엘은 하나님의 뜻을 알게 되었기에 기도했습니다. 바벨론이 망하고 다리오가 왕으로 세움을 입은 첫 해에 다니엘은 하나님의 말씀을 읽다가 자신의 민족을 향한 하나님의 뜻을 깨달았습니다. 바벨론의 멸망과 더불어 이스라엘 민족은 이미 하나님께서 계획하신 변화의 시대를 맞게 되었습니다. 이스라엘이 바벨론에 의해 멸망한 것은 이스라엘 민족의 죄악 때문이었지만, 이제 예레미야에게 약속하신 70년의 시간이 끝났습니다. 이러한 상황에서 다니엘은 하나님의 말씀을 통해 이스라엘 민족이 새로운 전환기를 맞고 있음을 알게 되었고, 새로운 하나님의 역사하심이 간절히 필요한 시기라는 것을 알게 되었던 것입니다.

하나님의 말씀을 통해 이 시대를 향한 하나님의 뜻을 깨닫게 되면 기도하지 않을 수 없게 됩니다. 다니엘은 이제 이스라엘이 새로운 역사의 전환기에 서게 되었음을 알고 하나님께 기도하기로 결단합니다. 하나님께 기도하면서 새로운 하나님의 뜻을 깨닫게 되는 것입니다.

> 내가 금식하며 베옷을 입고 재를 덮어쓰고 주 하나님께 기도하며 간구하기를 결심하고 (단 9:3)

말씀을 통해 주님의 뜻을 깨달은 자는 교만을 깨트리고, 하나님의 뜻을 위해 기도합니다. 반면에 자신의 욕망을 가지고 기도하는 자는 그 욕망을 이루기 위해 흉악한 범죄까지도 저지르게 되는 것입니다. 기도는 하나님의 말씀을 통해 하나님의 뜻을 깨닫고자 하는 사람이 할 수 있는 것입니다. 그렇게 기도하는 과정에서 다니엘은 자신의 인생 뿐 아니라, 민족의 운명을 하나님의 뜻에 따라 설계할 수 있게 되었습니다.

두 번째로 다니엘은 민족의 회복을 위해 하나님 앞에서 죄악의 문제가 해결되기를 기도했습니다.

> 우리는 이미 범죄하여 패역하며 행악하며 반역하여 주의 법도와 규례를 떠났사
> 오며 우리가 또 주의 종 선지자들이 주의 이름으로 우리의 왕들과 우리의 고관
> 과 조상들과 온 국민에게 말씀한 것을 듣지 아니하였나이다 (단 9:5~6)

다니엘은 자신의 소원을 성취하기 위한 우상숭배적 기도를 하지 않
았습니다. 다니엘은 하나님과의 관계가 회복되어 민족의 새로운 역사가
펼쳐질 것을 기대하며, 하나님과 자신의 민족 사이에 해결되어야 할 죄
의 문제에 대해 기도했던 것입니다.

죄를 고백하는 것은 하나님께서 우리의 주인이 되셔서 우리를 다스
리시기 위한 전제조건입니다. 이것이 기독교의 기도, 죄악된 인간의 자
기 경영에 대한 고발의 기도인 것입니다. 우리가 죄를 자백하면 하나님
께서는 우리의 하나님이 되어 주시고, 우리의 주인이 되셔서 우리를 이
끌어가실 것이라고 약속하셨습니다.

> 만일 우리가 우리 죄를 자백하면 그는 미쁘시고 의로우사 우리 죄를 사하시며
> 우리를 모든 불의에서 깨끗하게 하실 것이요, 만일 우리가 범죄하지 아니하였
> 다 하면 하나님을 거짓말하는 이로 만드는 것이니 또한 그의 말씀이 우리 속에
> 있지 아니하니라 (요일 1:9~10)

하나님 앞에서 자신이 죄인이라는 것과 스스로 선을 행할 수 없는 존
재라는 것을 고백하지 아니하면, 하나님의 통치는 우리에게 이루어지지

않을 것입니다. 다니엘은 이 사실을 알았기에 하나님께 민족의 죄악을 놓고 금식하며 철저히 회개했던 것입니다.

여기서 중요한 것은 다니엘이 단지 민족의 죄악을 고발하는 것이 아니라, 자신도 민족의 죄악에 대해 동일한 책임을 가지고 그들과 함께 회개하고 있다는 사실입니다. 다니엘이 민족의 죄악을 고백할 때 계속해서 '우리(we, our)'라는 말이 쓰이고 있습니다.

> 우리는 이미 범죄하여 패역하며 행악하며 반역하여 주의 법도와 규례를 떠났사오며 우리가 또 주의 종 선지자들이 주의 이름으로 우리의 왕들과 우리의 고관과 조상들과 온 국민에게 말씀한 것을 듣지 아니하였나이다 주여 공의는 주께로 돌아가고 수치는 우리 얼굴로 돌아옴이 오늘과 같아서 유다 사람들과 예루살렘 거민들과 이스라엘이 가까운 곳에 있는 자들이나 먼 곳에 있는 자들이 다 주께서 쫓아내신 각국에서 수치를 당하였사오니 이는 그들이 주께 죄를 범하였음이니이다 (단 9:5~7)

다니엘은 민족의 죄를 고발하면서 자신은 무죄하다는 것을 입증하는 바리새인과 같은 교만한 태도를 가지고 있지 않았습니다. 그는 모든 죄를 철저히 하나님 앞에 회개함으로써 하나님의 은총이 자신과 온 백성에게 임하게 되는 토대를 마련했습니다.

마지막으로 다니엘은 하나님의 은총을 간청하기 위해 기도했습니다. 자신과 민족의 죄악을 고백한 후에 다니엘은 하나님의 은총을 구했습니다.

내 하나님 여호와께 기도하며 자복하여 이르기를 크시고 두려워할 주 하나님,
주를 사랑하고 주의 계명을 지키는 자를 위하여 언약을 지키시고 그에게 인자를
베푸시는 이시여 (단 9:4)

다니엘이 하나님께 은총을 구한 이유는 하나님께서는 '주의 계명을
지키는 자를 위하여 언약을 지키시고 그에게 인자를 베푸시는 이'시기
때문입니다. 다니엘은 자신들이 죄악을 회개하고 옳은 길로 돌아선다
할지라도 하나님께서 은총을 베풀어주시지 않으면, 자신과 민족의 운명
은 불행할 수밖에 없음을 믿었기 때문에 하나님의 은총을 간구했던 것
입니다.

우리는 오직 하나님께만 은총을 구할 수 있습니다. 천하에 하나님 외
에 우리에게 은총을 베푸실 수 있는 분이 없기 때문입니다. 다니엘은 이
러한 하나님의 성품을 알았습니다.

주 우리 하나님께는 긍휼과 용서하심이 있사오니 이는 우리가 주께 패역하였음
이오며 (단 9:9)

하나님은 긍휼이 풍성하신 분입니다. 그러므로 그분께 우리의 죄를 아
뢰고 은총을 구할 때, 하나님께서는 우리의 인생을 옳은 방향으로 인도하
시고, 믿음의 길을 가는 과정에서 해결할 수 없는 어떤 문제도 주님의 영
광을 위하여 해결해 주실 것입니다. 하나님께서 은총을 베풀 때, 우리 각
자의 인생과 민족의 운명은 희망찬 미래를 맞이하게 되는 것입니다.

기도의 응답을 확신하라

다니엘은 이렇게 긍휼이 풍성하신 하나님께 자신과 민족의 죄악을 고백하고, 자신과 자신의 민족이 하나님을 떠나 독립적인 삶을 추구했음을 회개하였습니다. 그리고 역사의 주관자이신 하나님께 자신과 민족의 앞날을 놓고 은총을 구하였습니다. 자신을 의지하며 죄악으로 나아갔던 삶을 돌이키며 하나님의 은총을 구하는 이 기도야말로 기도의 모범이라 할 수 있습니다. 하나님께서는 다니엘의 기도에 즉각적인 응답을 주셨습니다.

> 내가 이같이 말하여 기도하며 내 죄와 내 백성 이스라엘의 죄를 자복하고 내 하나님의 거룩한 산을 위하여 내 하나님 여호와 앞에 간구할 때 곧 내가 기도할 때에 이전에 환상 중에 본 그 사람 가브리엘이 빨리 날아서 저녁 제사를 드릴 때 즈음에 내게 이르더니 (단 9:20~21)

하나님께서는 민족을 위해 회개하고 간절히 하나님의 영광을 위하여 은총을 구하는 다니엘에게 즉각적인 응답을 주셨습니다. 기도하고 있는 가운데 천사 가브리엘을 보내셔서 하나님의 약속을 보여주신 것입니다. 하나님께서 역사를 계획하시지만, 우리 스스로가 하나님의 은총을 구하며 하나님의 응답을 깨달아야 합니다. 그렇게 기도할 때 하나님의 계획은 우리에게 실현되는 것입니다.

인간의 입장에서 하나님의 역사를 깨닫고 하나님의 일에 동참하는 유일한 길은 기도 밖에 없습니다. 하나님은 기도하는 자의 음성을 들으시고, 그를 통해 하나님의 뜻을 알리시고, 놀라운 역사를 진행시키시기로 약속하셨습니다.

다니엘이 받은 응답은 이스라엘을 향한 하나님의 놀라운 계획이 앞으로 이루어질 것이라는 말씀입니다. 하나님의 백성과 하나님의 교회가 당할 환난은 영원하지 않고 기한이 정해져 있습니다. 일흔 이레로 상징되는 기한이 정해져 있으며, 그 이후에는 놀라운 회복이 있을 것입니다.

> 네 백성과 네 거룩한 성을 위하여 일흔 이레를 기한으로 정하였나니 허물이 그치며 죄가 끝나며 죄악이 용서되며 영원한 의가 드러나며 환상과 예언이 응하며 또 지극히 거룩한 이가 기름 부음을 받으리라 (단 9:24)

여기서 칠십 이레를 구성하는 62이레와 7이레와 1이레는 예수 그리스도께서 세상에 오시기까지의 모든 과정을 설명하는 것이며, 동시에 장차 이 세상에 재림하실 예수 그리스도를 바라보는 교회 시대의 성도들에게 이루어질 일들을 말씀하신 것입니다.

> 그러므로 너는 깨달아 알지니라 예루살렘을 중건하라는 영이 날 때부터 기름 부음을 받은 자 곧 왕이 일어나기까지 일곱 이레와 예순두 이레가 지날 것이요 그 곤란한 동안에 성이 중건되어 광장과 거리가 세워질 것이며 예순두 이레 후에 기름 부음을 받은 자가 끊어져 없어질 것이며 장차 한 왕의 백성이 와서 그 성읍과 성소를 무너뜨리려니와 그의 마지막은 홍수에 휩쓸림 같을 것이며 또 끝까지 전

쟁이 있으리니 황폐할 것이 작정되었느니라 그가 장차 많은 사람들과 더불어 한 이레 동안의 언약을 굳게 맺고 그가 그 이레의 절반에 제사와 예물을 금지할 것이며 또 포악하여 가증한 것이 날개를 의지하여 설 것이며 또 이미 정한 종말까지 진노가 황폐하게 하는 자에게 쏟아지리라 하였느니라 하니라 (단 9:25~27)

비록 믿는 자들에게 핍박과 환난이 있겠지만, 결국 예수 그리스도께서 모든 것을 회복시킬 것이라는 놀라운 응답이 이 안에 들어 있었던 것입니다.

이 응답을 통해 하나님은 다니엘에게 이스라엘 민족이 곧 회복되고, 예루살렘 성이 중건될 뿐 아니라, 영원히 죄가 용서되는 하나님의 나라가 메시야를 통해 선포될 것이라는 사실을 알게 하셨습니다. 실제로 역사는 이스라엘 백성의 귀환을 명하는 고레스의 칙령에서부터 예수 그리스도의 사역을 통해 모든 말씀이 실현되었음을 보여주고 있습니다. 하나님의 뜻에 따라 기도하며, 응답을 확신하며 기도하는 자에게는 반드시 하나님의 응답이 찾아옵니다. 응답을 받은 성도는 하나님의 뜻을 따라 인생을 계획해 나가는 축복을 얻게 되는 것입니다.

하나님께 무릎 꿇는 용기를 가지라

지금은 우리에게 하나님께 무릎 꿇는 용기가 필요할 때입니다. 하나님께 무릎 꿇는 것은 하나님을 멀리하고 스스로 독립된 삶을 추구했던 과거를 내려놓는 용기 있는 행동입니다. 자신의 유익에 따라 내렸던 모든 결정을 내려놓고 하나님의 영광을 위하여 삶을 살겠다는 의지의 표현입니다. 하나님께 무릎 꿇는 것은 자신의 욕망을 이루기 위한 우상숭배도 아니며, 스스로 아무 것도 하기 싫어서 행운에 자신의 삶을 맡기는 의지박약도 아닙니다. 하나님께 무릎 꿇는 것은 하나님의 뜻을 깨닫고, 그 뜻을 따라 새로운 인생을 설계하겠다는 용기 있는 결단이며 행동인 것입니다.

지금 우리는 자신의 비전과 교회의 미래와 민족과 세계의 선교를 위해 기도해야 합니다. 온 세계에 전쟁의 위기가 끊이지 않고, 경제의 위기가 항상 도사리고 있습니다. 교회들은 타락하고 복음은 사라져가고 있습니다. 우리 안에서도 비전이 사라져가고 안락함과 평안함을 추구하려는 마음이 자라고 있습니다. 다니엘과 같이 하나님의 말씀을 통해 놀라운 하나님의 뜻을 깨닫고, 기도하는 용기를 소유하시기 바랍니다.

하나님께서는 우리 교회를 위한 다니엘을 필요로 하십니다. 하나님께서는 우리나라를 위한 다니엘을 필요로 하십니다. 하나님께서는 세계 열방을 위한 다니엘을 필요로 하십니다. 하나님께서는 우리 모두가 이 시대의 다니엘이 되기를 원하십니다. 이제 진정 우리 자신의 죄악을 고백하고, 하나님의 긍휼의 통치를 소망하는 용기를 발휘해야 합니다. 우리 자신의 죄악된 삶을 부정하고, 하나님의 통치를 구하는 적극적인 용기를 가져야 할 때입니다. 하나님은 약속하셨습니다.

> 내 이름으로 일컫는 내 백성이 그들의 악한 길에서 떠나 스스로 낮추고 기도하
> 여 내 얼굴을 구하면 내가 하늘에서 듣고 그들의 죄를 사하고 그 땅을 고칠지라
> (대하 7:14)

이 말씀을 붙잡고 하나님 앞에 무릎 꿇는 용기를 가지십시오. 이를 통해 자신과 교회와 민족과 세계의 미래를 환히 밝히는 여러분의 삶이 되길 소망합니다.

12
하나님의 영적 전사가 되라

그가 내게 이르되 다니엘아 두려워하지 말라 네가 깨달으려 하여
네 하나님 앞에 스스로 겸비하게 하기로 결심하던 첫날부터 네 말이
응답 받았으므로 내가 네 말로 말미암아 왔느니라 (다니엘 10:12)

모든 나무에는 뿌리가 있듯이, 세상에 나타나는 모든 현상에는 영적

인 뿌리가 있습니다.

믿음으로 모든 세계가 하나님의 말씀으로 지어진 줄을 우리가 아나니 보이는 것
은 나타난 것으로 말미암아 된 것이 아니니라 (히 11:3)

모든 보이는 것은 보이지 않는 영적인 근원에 의해서 생겨난 것입니

다. 그러면 우리는 어떻게 영적인 근원을 알 수 있을까요? 그것은 연구

를 통해서가 아니라 믿음을 통해서 알게 되는 것입니다.

우리 모두는 세상이 창조되는 것을 본 적이 없습니다. 과학은 창조를

증명해보려고 애쓰지만, 창조는 증명될 수 없는 것입니다. 왜냐하면 세

상은 세상에 존재하는 물질로부터 비롯된 것이 아니기 때문입니다. 우리는 믿음을 통해서 모든 세계가 창조된 것을 알게 됩니다. 보이는 모든 피조물들은 지금 우리가 볼 수 있는 물질로 된 것이 아니라, 하나님의 말씀으로 된 것이기 때문입니다. 성경은 우리가 믿음을 가질 때 비로소 올바른 영적 지식에 이를 수 있게 됨을 말하고 있습니다. 믿음으로 우리는 이 세상의 모든 현상의 근원을 알 수 있게 됩니다.

중요한 것은 이 세상에 사는 모든 육체를 가진 피조물 중에 오직 인간만이 영적인 뿌리를 깨달을 수 있다는 것입니다. 그 이유는 하나님께서 인간을 자신의 형상에 따라 영적으로 창조하셨고, 영원을 사모하는 마음을 주셨기 때문입니다.

> 하나님이 이르시되 우리의 형상을 따라 우리의 모양대로 우리가 사람을 만들고 그들로 바다의 물고기와 하늘의 새와 가축과 온 땅과 땅에 기는 모든 것을 다스리게 하자 하시고 하나님이 자기 형상 곧 하나님의 형상대로 사람을 창조하시되 남자와 여자를 창조하시고" (창 1:26~27)

> 하나님이 모든 것을 지으시되 때를 따라 아름답게 하셨고 또 사람들에게는 영원을 사모하는 마음을 주셨느니라 (전 3:11a)

모든 사람은 육신을 입고 이 세상에서 살아가지만, 영적인 존재로 창조되었기 때문에 영적인 본질을 깨닫고 영원을 사모하면서 살아가는 것입니다. 한 가지 더욱 중요한 사실이 있습니다. 인간은 영적인 존재이지만, 하나님의 말씀인 성경을 통해서만 올바른 영적 지식을 얻을 수 있다는 것입니다. 인간은 타락해서 스스로는 영적인 지식에 이를 수 없기 때문입니다. 이 세상에 많은 신비한 현상들이 나타나며, 많은 사람들이 스스로 신과 접하려고 하지만, 하나님과 하나님의 말씀이 주는 영적 진리에 도달할 수 없는 것은 바로 인간의 타락 때문입니다.

다니엘 10장은 영적 전쟁에 관한 지식을 전해 줍니다. 다니엘은 환상 중에 힛데겔이라고 하는 큰 강가에서 세마포를 입은 한 사람(천사)을 보고, 그의 말을 듣게 됩니다. 그는 다니엘에게 기도의 응답을 주기 위해 보내졌으며, 다니엘이 3주 동안 기도하는 중에 바사 왕국의 군주에게 막혀 오지 못하다가 천사 미가엘의 도움으로 다니엘에게 도착합니다. 그가 다니엘에게 전한 응답은 다니엘이 큰 은총을 받았으므로 두려워 말며, 평안하며, 강건하라는 것입니다. 더불어 하나님의 군사가 세상의 영적 권세들과 싸울 것이라는 위로의 말씀이었습니다. 다니엘은 이 말씀으로 현실에 닥친 여러 가지 어려움과 환난들을 이기고, 하나님 나라를 위해 천사들과 더불어 싸우는 하나님의 군사가 될 수 있었습니다. 이 말씀을 통해 우리는 영적 세계를 깨달을 수 있으며, 우리가 이 세상을 살아가는 동안 겪을 모든 일들의 원인과 대처 방법을 알 수 있게 됩니다.

세상 역사의 배후를 이해하라

다니엘 10-12장은 다니엘이 받았던 마지막 계시의 내용이 기록되어 있습니다. 10장의 내용은 11장의 서론의 역할을 하고 있으며, 12장은 그 결론이 되고 있습니다. 다니엘 10장은 큰 전쟁에 관한 것입니다. 이 전쟁에 관한 계시는 세계 역사의 배후를 알리시려는 의도에서 다니엘에게 주어졌습니다.

> 바사 왕 고레스 제삼 년에 한 일이 벨드사살이라 이름한 다니엘에게 나타났는데, 그 일이 참되니 곧 큰 전쟁에 관한 것이라 다니엘이 그 일을 분명히 알았고 그 환상을 깨달으니라 (단 10:1)

다니엘이 받은 마지막 계시인 10~12장의 말씀은 페르시아 왕 고레스 3년, 즉 B.C. 535년경에 주어졌습니다. 이때 다니엘은 88세가량의 고령이었으며, 이 계시는 그가 3주일 간 슬퍼하며 금식하며 기도한 후에 주어졌습니다.

B.C. 535년은 바벨론에 포로가 되었던 유대인 중 일부가 페르시아 왕 고레스의 칙령으로 본국으로 돌아간 지 2년 정도 지난 때였습니다.

> 바사의 고레스 왕 원년에 여호와께서 예레미야의 입으로 하신 말씀을 이루시려고 여호와께서 바사의 고레스 왕의 마음을 감동시키시매 그가 온 나라에 공포도 하고 조서도 내려 이르되 바사 왕 고레스가 이같이 말하노니 하늘의 신 여호와

께서 세상 만국을 내게 주셨고 나에게 명령하여 유다 예루살렘에 성전을 건축하라 하셨나니 너희 중에 그의 백성된 자는 다 올라갈지어다 너희 하나님 여호와께서 함께 하시기를 원하노라 하였더라 (대하 36:22~23)

그런데 왜 다니엘은 그토록 애타게 그리워한 고국, 특별히 예루살렘에 돌아가지 않고 남아 있었을까요? 그 이유는 틀림없이 그가 자기의 민족을 위해 페르시아 궁중에서 해야 할 일이 있다고 확신하였기 때문일 것입니다. 우리는 한 가지 의문점을 갖게 됩니다. 이제 고레스의 칙령으로 백성들이 고국에 돌아갈 수 있게 되었고, 성전이 회복될 수 있는 분위기가 조성된 이 때, 왜 다니엘은 삼주 동안이나 금식하며 슬픔에 잠겨 있었을까요?

당시 예루살렘의 형편과 페르시아 궁중의 분위기가 이에 대한 대답이 될 만합니다. 우선 고레스의 칙령으로 예루살렘에 돌아간 유대인의 수는 여전히 남아있는 사람들에 비하면 너무도 적은 5만 명도 못되는 소수였습니다. 대부분의 유대인들은 이제 이방 땅에서의 삶에 정착하여 생활에 큰 불편을 느끼지 못했으므로 본국에 돌아가 성전을 재건하고 하나님의 일을 감당하려는 생각을 하지 않았습니다. 예루살렘으로 돌아간 사람들도 처음부터 여러 가지 난관에 부딪혀 본국으로 돌아간 지 2년이 지났는데도 불구하고 성전을 재건하고 잃어버렸던 믿음을 회복하는 일에 착수하지도 못한 채로 주저하고 있었습니다.

특히 북 이스라엘의 수도 사마리아에 살던 사람들은 자신들을 차별한다는 이유로 예루살렘 성전의 재건을 계속해서 방해했습니다.

이로부터 그 땅 백성이 유대 백성의 손을 약하게 하여 그 건축을 방해하되 바사 왕 고레스의 시대로부터 바사 왕 다리오가 즉위할 때까지 관리들에게 뇌물을 주어 그 계획을 막았으며 (스 4:4~5)

게다가 그들은 유대인들이 역사적으로 항상 지배자들에 대하여 반역적이었다는 점을 부각시켜 예루살렘 성전의 중건을 허락한 고레스의 정책을 번복시키고자 페르시아 궁중으로 거짓 고발들을 하게 됩니다. 유대인들을 본국으로 보냈던 고레스의 마음은 뒤숭숭해졌으며, 유대인과 예루살렘 성전에 대한 자신의 관용책에 대한 회의와 우려가 높아져 갔습니다. 이제 성전의 재건과 믿음의 회복을 위해 하나님께서 주신 좋은 기회는 사라질 위기에 처했습니다.

이러한 심상치 않은 정황을 감지한 다니엘은, 다시 한 번 하나님의 영광과 민족의 장래를 위해 해야 할 일이 있음을 알았습니다. 다니엘은 무엇보다도 계속해서 받은 계시를 통하여 아직도 영적으로 환난의 시기가 남아 있음을 깨닫게 되었고, 세계 역사의 배후에 하나님의 계획을 막으려는 사탄의 계략이 계속되고 있음을 알게 되었습니다. 이런 상황 속에서 다니엘은 하나님의 계획을 막으려는 자들의 뜻이 꺾이고 하나님의 뜻이 이루어질 것을 위해 기도하지 않을 수 없었습니다. 하나님과 민족을 사랑하는 다니엘은 하나님을 위해, 민족을 위해 무엇인가를 하지 않을 수 없었던 것입니다. 이렇게 세계 역사의 배후에 자리 잡고 있는 치열한 영적 전쟁에 대한 인식은 80세를 넘긴 고령의 다니엘에게 3주간 금식하며 기도하게 만들었고, 그의 기도는 응답이 되어 다시금 천사의 방문을 받게 되었습니다. 다니엘은 더욱 분명히 하나님의 뜻을 방해하는 사탄의 세력을 알게 되었습니다.

다니엘은 하나님의 계시를 통하여 인류 역사에 대한 피상적인 견해를 벗어나 인간 역사의 배후를 꿰뚫어 통찰하는 새로운 이해를 갖게 되었습니다. 특히 '큰 전쟁', 즉 선악 간 전쟁에 대한 실체를 보게 됨으로써, 이상을 분명히 깨닫게 되었습니다.

우리는 세계 역사의 배후에 모든 역사를 만들어가는 영적 전쟁이 있음을 깨달아야 합니다. 세계의 역사는 인간들의 활동만으로 이루어지는 것이 아닙니다. 하나님의 섭리와 하나님의 뜻을 방해하는 죄의 원흉인 사탄의 세력이 인간에게 영향력을 미치고 있고, 이에 대해 인간이 어떻게 반응하는지에 따라 역사는 오늘도 새롭게 진행되고 있는 것입니다. 세상에는 하나님의 진리와 구원의 섭리에 대항하는 악한 영의 역사가 있습니다. 악한 영은 모든 인류를 세상의 물질과 쾌락에 빠지게 하며, 하나님을 믿지 못하도록 진리를 왜곡하며, 거짓과 죄악에 빠져 살아가도록 활동하고 있습니다. 따라서 우리 모두는 하나님의 말씀을 올바로 깨닫기 위하여 기도하며, 하나님의 뜻을 이루기 위해 기도하며 힘써 일해야 합니다. 나아가 영적 전쟁을 위해 준비된 사람으로 성장해가야 합니다.

기도에 응답이 있음을 확신하라

다니엘은 예루살렘 성전과 하나님의 백성의 회복이 지연되고 있는 상황에서, 하나님의 영광을 위해 또한 하나님의 백성의 미래를 위해 기도하고 있습니다. 다니엘은 티그리스강의 옛 이름인 힛데겔 강변에서 환상을 보게 되는데, 이는 그가 예루살렘의 형편을 마음 아프게 생각하고 기도하는 중에 일어났던 일입니다. 그는 세마포 옷을 입고 순금으로 된 띠를 두른 엄청나게 밝고 찬란한 한 사람의 모습을 환상 중에 보게 되었습니다. 하나님께서는 다니엘의 기도를 들으시고 기도의 응답을 허락하셨습니다.

중요한 것은 다니엘이 금식하고 기도한 지 3주 후에야 기도가 응답된 것이 아니라, 이미 다니엘이 '깨달으려 하여 하나님 앞에 스스로 겸비하게 하기로 결심하던 첫 날부터' 그의 '말이 응답을 받았다'는 것입니다. 다니엘이 기도를 시작하면서 이미 하나님께서는 응답을 주시기로 작정하셨다는 것을 말씀이 보여주고 있는 것입니다. 다니엘이 기도가 시작된 지 3주 만에 응답을 깨달은 까닭은 하나님의 뜻을 막으려는 바사 왕국의 군주가 응답을 막았기 때문이었습니다.

하나님의 영광을 위하여, 하나님의 백성의 회복을 위하여 기도하면 하나님께서는 바로 응답을 주십니다. 혹 응답이 늦을 수도 있습니다. 하지만 하나님께서는 하나님의 뜻대로 구하는 자에게 즉각적으로 응답을 시작하십니다.

> 너희가 내 안에 거하고 내 말이 너희 안에 거하면 무엇이든지 원하는 대로 구하라 그리하면 이루리라 (요 15:7)

우리가 말씀 안에서 하나님의 뜻을 구하는 것은 응답에 결정적인 요소가 됩니다.

우리가 하나님의 영광을 위해 기도할 때 우리는 기도를 통해 하나님의 뜻이 이루어지는 영적 전쟁에 동참하게 된다는 것을 기억해야 합니다. 기도를 통해 영적 전쟁에 동참할 때, 하나님께서 우리의 기도를 듣고 계신다는 사실을 반드시 믿어야 승리할 수 있습니다. 다니엘에게 응답을 주러 가는 천사를 위해 천사장 미가엘이 도와주었다는 사실은 하나님께서 기도하는 자를 위해 끝까지 일하신다는 것을 분명히 보여주시는 것입니다.

삼주 동안이나 음식을 삼가며 어린 아이처럼 떼쓰듯 기도하는 다니엘의 모습에서 우리는 하나님 아버지의 마음을 그토록 확실하고 신속하게 움직이는 응답받는 기도의 비결을 보게 됩니다. 영적인 차원에서 일어나는 하나님의 섭리를 바라보고, 삶의 배후에서 일어나는 영적 전쟁의 현실을 기억하면서, 하나님께만 매달리고 응답을 구하면, 하나님의 응답은 반드시 속히 이루어지게 될 것입니다.

영적 전쟁의 전사가 되라

바사 왕국의 군주는 하나님의 뜻에 대항하는 악한 영적 세력, 즉 사탄
의 세력을 의미합니다.

> 그런데 바사 왕국의 군주가 이십일 일 동안 나를 막았으므로 내가 거기 바사 왕
> 국의 왕들과 함께 머물러 있더니 가장 높은 군주 중 하나인 미가엘이 와서 나를
> 도와주므로 (단 10:13)

사탄의 세력은 다니엘의 기도에 대한 응답을 막고, 다니엘이 영적인
싸움을 포기하고 좌절하도록 만드는 성도의 대적입니다. 미가엘은 하나
님의 뜻을 위해 싸우는 천사의 장을 말하며, 그는 사탄의 세력과 싸우고
있습니다.

이렇게 볼 때 다니엘 10장은 이 세상을 다스리시는 하나님의 주권에
대항하여 싸우는 사탄의 모습을 보여주는 소중한 말씀입니다. 이 말씀
은 이 세상의 배후에 있는 영적 전쟁 가운데 눈에는 보이지 않는 영적 존
재들이 이 땅 위의 사건들에 어떻게 깊이 관여하고 있는지 공개해 주는
독특한 계시입니다.

사탄의 세력들이 하나님의 백성들에 대해 하나님의 천사가 응답하는

것을 방해하고, 페르시아 왕국의 최고 권력자들에게 영향력을 행사하고 있습니다. 그러는 동안 하나님의 뜻을 받은 천사들은 하나님의 백성들을 위해서 싸우고 있었습니다. 우리는 선지자 다니엘을 통하여 하나님의 천사들과 악의 세력 사이에 벌어지고 있는 강력한 투쟁을 영적인 시각으로 바라볼 수 있습니다.

하나님께서 보내신 천사는 하나님의 백성들을 방해하고 하나님의 뜻을 좌절시키려 애쓰는 흑암의 권세와 삼주 동안이나 싸웠으며, 하나님은 미가엘 천사를 통해 그 싸움에서 이기게 하셨습니다. 우리는 기도하면서 하나님의 뜻이 이 땅에 이루어지도록 돕는 영적 전사가 되어야 합니다. 하나님의 뜻을 방해하는 흑암의 세력에 의해 좌절되지 말고, 하나님의 뜻을 향해 선한 싸움을 계속하는 하나님의 군사가 되어야 합니다.

> 이르되 큰 은총을 크게 받은 사람이여 두려워하지 말라 평안하라 강건하라, 강건하라…이제 내가 돌아가서 바사의 군주와 싸우려니와 내가 나간 후에는 헬라의 군주가 이를 것이라 (단 10:19~20)

이 세상은 계속해서 새로운 국면으로 영적 전쟁이 이어질 것입니다. 바사의 군주를 무너뜨리면 또 다른 헬라의 군주가 나타나 믿는 자들을 유혹하고 핍박할 것입니다. 이렇게 사탄의 세력은 계속해서 성도들의 사역을 압박합니다. 하지만 우리가 기억해야 할 것은 하나님의 천사가 영적 싸움을 돕고 이기게 하신다는 사실입니다. 잠시의 실패와 기도응답의 지연은 계속되지 않을 것입니다. 우리는 하나님의 영적 전사입니다. 소용돌이치는 영적 전쟁이 세상 끝날까지 계속되는 동안, 하나님의 군사들은 두려워하거나 용기를 잃어서는 안 될 것입니다.

믿음 위에 굳게 선 우리는 다니엘처럼 하나님께서 지극히 사랑하시는 백성이며, 사탄보다 더욱 강한 '미가엘'의 호위를 받고 있는 하나님의 백성이기 때문입니다. 우리는 영적 전쟁을 감당하기 어려운 연약한 존재이지만, '강건하라'고 격려하시고 능력을 베푸시는 하나님의 은혜를 힘입어 다니엘처럼 승리할 수 있습니다.

13

하나님 중심의 역사관을 가지라

그가 장막 궁전을 바다와 영화롭고 거룩한
산 사이에 세울 것이나 그의 종말이 이르리니
도와 줄 자가 없으리라 (다니엘 11:45)

우리는 주위에서 역사를 다룬 많은 책들과 자료를 접하게 됩니다. 정통 사학자들의 위대한 역사적 서술부터 신빙성이 떨어지는 역사의 뒷이야기를 담은 야사에 이르기까지 사람들은 역사를 남기는 일에 많은 열정을 기울여 왔습니다. 특이한 점은 각각의 역사책들이 똑같은 시대를 다룬다고 하더라도 그 역사적 해석은 저마다 상이하다는 것입니다. 때로는 서로 다른 역사적 해석 때문에 지역 간에, 혹은 국가 간에 큰 분쟁이 일어나기도 합니다. 국경을 맞대고 있는 나라일수록 분쟁이 많은 이유는 대부분 역사를 바라보는 견해의 차이에서 기인하는 경우가 많이 있습니다.

우리나라에서도 일제 식민지 시대와 분단, 근대화와 경제적 발전에 대하여 다양한 의견이 존재해왔으며 때로는 그런 문제가 사회적으로 큰 갈등을 조장하기도 했습니다. 국경을 가까이 맞대고 있는 중국이나 일본과는 늘 갈등이 존재해 왔던 것도 사실입니다. 이렇게 역사적 해석을 두고 다양한 견해가 존재하고, 이로 인해 갈등과 분쟁이 생기는 이유는 바로 역사관의 차이 때문입니다. 역사를 연구하는 학자들 뿐 아니라 모든 사람들은 역사를 바라보는 고유한 관점을 가지고 있습니다. 그것을 굳이 거창하게 역사관이라고 부르지 않더라도 사람들은 모두 역사와 사건들을 바라보고 해석하는 관점을 가지고 있습니다. 사람들은 그 관점을 통해, 일어나는 모든 현상들의 가치를 판단하며 앞으로의 삶의 모습을 만들어갑니다. 이렇듯 역사관은 매우 중요합니다. 역사관은 사람들의 세계관을 형성하는 기본이 되기 때문입니다.

역사관이란 간단하게 말해서 역사를 바라보는 의식과 관점을 말합니다. 즉 역사관이란 역사에 대한 일관적이고 체계 있는 견해이며, 사실을 해석할 때 전제가 되는 통일적인 관념입니다. 사람들은 자신의 역사관에 따라 많은 역사적 사실 중에서 몇 개를 선택하게 되며, 그 사건들에 특별한 의미를 부여하게 됩니다. 어떤 관점으로는 중요한 사건이 다른 관점으로 보면 중요하지 않은 일이 되기도 하며, 어떤 관점으로 보면 의미 있고 가치 있는 사건이 다른 관점으로 보면 의미를 갖지 못하게 되기도 하는 것입니다. 사람들은 성장하면서 역사관을 학습합니다. 그리고 그 관점으로 세계를 바라보며 자신의 삶에 중요한 결정을 하게 되는 것입니다. 어떤 역사관을 갖느냐에 따라 그 사람의 앞으로의 삶의 모습은 매우 달라집니다. 어떤 역사관을 가르치느냐에 따라 사람들의 세계관이 결정되며, 하나님 나라를 위해 살아가는 위대한 사람에서부터 자살폭탄테러를 자행하는 사람에 이르기까지 다양한 인생이 만들어지는 것입니다.

하나님 중심의 역사관을 가지라

우리는 어떤 역사관을 가져야 할까요? 이 질문은 우리의 삶에 너무나 중요합니다. 사람들이 어떤 역사관을 가지고 살아가느냐에 따라 전혀 다른 삶의 모습을 갖게 되기 때문입니다. 하지만 어떤 역사관을 가져야 하는가에 대한 답은 쉽지 않습니다. 세상에는 역사를 바라보는 수많은 관점들이 존재하기 때문입니다.

우리는 스스로 역사관을 만들면 안됩니다. 계시된 성경으로 역사관을 형성해야 합니다. 그것은 바로 하나님 중심의 역사관입니다. 이것을 '성경적 역사관'이라고 부를 수도 있습니다. 성경적 역사관이 무엇인지 답하기는 그리 쉽지 않습니다. 이 세상은 하나님께서 만드셨으며, 목적을 가지고 시작되었습니다. 인간이 타락하여 죄와 고통이 가득한 세상이 되었지만, 하나님께서는 예수 그리스도를 보내셔서 인류를 구원하시기로 작정하셨습니다. 그 하나님의 계획에 따라 예수께서 세상에 오셔서 구원을 완성하셨고, 결국 예수께서 다시 오실 때 세상은 선악 간의 심판에 직면하게 되며 모든 역사는 종결됩니다. 우리 모두는 종결될 역사의 끝을 향해서 살아가고 있습니다. 하지만 하나님께서 이루실 구원의 소망을 가지고, 하나님께서 우리를 만드신 목적을 이루며 살아가고 있는 것입니다. 세상은 매우 혼란스럽고, 수많은 일들이 일어납니다. 이러한 세상 속에서 우리는 하나님께서 세상을 주관해 가고 계시며 우리는 모두 종말을 향해 달려가고 있다는 믿음을 잃어버리고 살기 쉽습니다. 하나님께서는 말씀을 통해 다시 한 번 역사의 진실을 보여주십니다.

다니엘 11장을 통하여 우리는 다니엘이 하나님의 계시를 통해 세계 역사에 대한 진리를 깨닫는 것을 볼 수 있습니다. 하나님께서는 다니엘에게 참된 것을 보여 주시겠다고 약속하셨고, 우리는 다니엘을 통해 참된 것, 즉 진리를 보게 되는 것입니다. 우리는 이 말씀을 통해 매우 중요한 역사적 지식을 얻게 되며 그 지식은 우리의 삶을 올바른 방향으로 이끌어 줄 것입니다.

역사의 흥망성쇠에 흔들리지 말라

다니엘 11장은 메대 바사 왕국에서부터 헬라의 알렉산더 대왕과 그의 사후에 일어날 네 명의 왕들과 하나님의 백성을 가장 괴롭힌 안티오쿠스 4세에 관한 예언입니다. 다니엘 11장은 메대 바사 왕국과 헬라 제국의 앞날에 대한 예언으로부터 시작됩니다. 메대 바사 왕국의 세 왕 캄비세스, 스메르디스, 다리우스 히스타스피아에 이어 심히 강한 네 번째 왕 크세르크세스(구약 에스더의 아하수에로 왕)는 헬라(그리스)를 정복하려고 시도를 할 정도로 강성한 나라를 이루었습니다. 하지만 그 후 알렉산더 대왕이 메대 바사 왕국을 정복하고 거대한 헬라 왕국을 이루었고, 그의 사후 나라는 넷으로 갈라져서 마케도냐는 안티파터가, 소아시아는 리시마쿠스가, 수리아는 셀류커스가, 애굽은 톨레미가 분할하여 다스렸습니다. 다니엘 11장에 나오는 남방 왕과 북방 왕은 각각 애굽의 톨레미와 수리아의 셀류커스 왕조를 말하는 것입니다. 이 두 왕조는 오랫동안 전쟁하였고 갈등 관계를 계속 유지하였습니다.

한 비천한 왕은 하나님의 백성을 가장 혹독하게 핍박했던 안티오쿠스 4세의 이야기입니다. 안티오쿠스 4세는 역사상 가장 악한 왕 중에 하나이며, 특히 하나님 나라를 소망하며 살아가려는 자들을 핍박했던 왕입니다. 그는 자신의 강한 권력을 이용해 성도들을 핍박했는데, 그 핍박의 내용을 담은 조서에는 다음과 같은 내용이 담겨 있습니다.

1. 유대인들은 이교도들의 관습을 따를 것.
2. 성소 안에서 번제를 드리거나 희생 제물을 드리거나, 봉헌하는 따위의 예식을 하지 말 것.

3. 안식일과 기타 축제일을 지키지 말 것.

4. 성소와 성직자들을 모독할 것.

5. 이교의 제단과 성전과 신당을 세울 것.

6. 돼지와 부정한 동물들을 희생 제물로 잡아 바칠 것.

7. 사내아이들에게 할례를 주지 말 것.

8. 온갖 종류의 음란과 모독의 행위로 스스로를 더럽힐 것.

9. 이렇게 하여 율법을 저버리고 모든 규칙을 바꿀 것.

10. 이 명령을 따르지 않는 자는 사형에 처한다.

이러한 조서가 집행되는 과정에서 수많은 성도들이 고통을 당했습니다. 하지만 세상의 모든 권력이 그러하듯 권력에는 끝이 있습니다. 하나님 나라를 바라보며 믿음을 지킨 사람들이 오히려 영원히 빛나는 것입니다.

다니엘 11장은 역사의 흐름을 살피면서 하나님 중심으로 역사를 바라보는 관점을 제시하고 있다는 점에서 매우 중요한 가치가 있습니다. 역사적 사실이 비유적으로 나타나 있기 때문에 이해하기에 조금 어려운 점이 있지만, 이 말씀은 매우 중요한 결론을 제시하고 있습니다. 세상의 역사는 강성한 나라와 쇠퇴하는 나라가 반복되는 것이 전부인 것처럼 보이지만, 결국 구원자를 기다리는 방향으로 진행되고 있다는 것입니다. 세상은 흥망성쇠를 거듭합니다. 그 세상의 흐름에 따라서 모든 개개인의 소중한 삶도 사라져 갑니다. 하지만 하나님의 나라를 바라보는 인생은 진정한 삶의 의미를 찾고 올바른 인생을 살게 됩니다. 인생의 흥망성쇠는 잠시의 영화를 가져다 줄 수 있지만 결국 모두 허무함으로 끝나고 맙니다. 믿음으로 하나님을 바라보는 자는 세상의 허무함과 고통을 이길 수 있습니다. 하나님의 나라는 영원하며, 믿음으로 하나님을 바라보는 자는 소망을 얻을 수 있기 때문입니다.

> 생각하건대 현재의 고난은 장차 우리에게 나타날 영광과 비교할 수 없도다 피조물이 고대하는 바는 하나님의 아들들이 나타나는 것이니 피조물이 허무한 데 굴복하는 것은 자기 뜻이 아니요 오직 굴복하게 하시는 이로 말미암음이라 그 바라는 것은 피조물도 썩어짐의 종 노릇 한 데서 해방되어 하나님의 자녀들의 영광의 자유에 이르는 것이니라 피조물이 다 이제까지 함께 탄식하며 함께 고통을 겪고 있는 것을 우리가 아느니라 그뿐 아니라 또한 우리 곧 성령의 처음 익은 열매를 받은 우리까지도 속으로 탄식하여 양자 될 것 곧 우리 몸의 속량을 기다리느니라 우리가 소망으로 구원을 얻었으매 보이는 소망이 소망이 아니니 보는 것을 누가 바라리요 만일 우리가 보지 못하는 것을 바라면 참음으로 기다릴지니라 (롬 8:18~25)

성경은 구원의 진리를 제공합니다. 우리 모두가 성경을 통해 보이지 않는 구원의 진리를 알게 되면, 모든 것을 인내하면서 가치 있는 삶을 살아갈 수 있습니다. 바로 '하나님의 자녀들의 영광의 자유'에 동참하는 것입니다. 남방 왕과 북방 왕이 서로 싸우고 강대국이 번갈아 힘으로 억압하는 이 세상의 흥망성쇠에 빠져 살아가면 허무함에 죽을 수밖에 없습니다. 하나님께서 다니엘을 통해 이 말씀을 주시는 것은 하나님 나라를 바라보고 구원의 소망을 가질 것을 권면하시는 사랑의 표현인 것입니다.

하나님 중심의 역사관

세상 사람들의 관점으로 역사를 바라보게 되면 결국 허망한 것들에 우리의 소중한 인생을 투자하고 만다는 사실을 명심해야 합니다. 사람이 무엇을 기준으로 역사를 바라보고 자신의 삶을 바라보느냐에 따라 자신의 삶에 대한 생각이 달라지고, 미래에 대한 조망도 달라집니다. 우리는 하나님 중심의 역사관을 가져야 합니다. 하나님의 말씀으로 역사를 바라보며, 성경의 계시에 근거하여 우리가 무엇에 가치를 두고 살아야 할 것인지를 결정해야 합니다. '다니엘'이 제시한 역사관이 진정하고 유일한 역사관입니다.

'역사는 하나님의 구원의 계획을 따라 진행된다'는 신본주의적 역사관이 모든 성도들이 가져야 할 역사관입니다. 신본주의적 역사관은 인간의 모든 활동이 하나님에 의해 결정된다는 운명론적 세계관이 아니라, 인간이 하나님의 말씀 앞에서 하나님께 부여받은 자유 의지를 가지고 어떻게 살 것인가에 대해 고민하게 만드는 세계관이라고 할 수 있습니다.

신본주의적 역사관을 가진 성도들은 모든 역사의 귀결이 하나님의 나라에 있음을 깨닫고, 하나님 나라의 성취를 위해 자신의 삶을 투자해 나갑니다. 하나님 나라를 우리 삶의 중심 가치로 삼고 하나님 나라를 우선순위로 하여 삶의 모든 상황에서 선택하고 결단하는 것입니다.

다니엘 11장은 하나님 중심의 역사관을 가지고 이 세상을 살아가라고 가르치고 있는데, 세 가지로 정리할 수 있습니다.

첫째는 하나님의 때를 기다리는 삶을 살아야 한다는 것입니다. 무슨 일이든 때와 기한이 있습니다. 세상의 힘이 강성한 것도 때가 이를 때까지이며, 세상의 모든 일은 작정된 기한이 끝나면 함께 소멸하는 것입니다.

> 그가 평안한 때에 그 지방의 가장 기름진 곳에 들어와서 그의 조상들과 조상들의 조상이 행하지 못하던 것을 행할 것이요 그는 노략하고 탈취한 재물을 무리에게 흩어 주며 계략을 세워 얼마 동안 산성들을 칠 것인데 때가 이르기까지 그리하리라 (단 11:24)

결국 이 세상의 지배적 힘들이 영원한 것처럼 보일지라도, 하나님의 때는 반드시 이르는 것입니다. 우리는 지혜로운 다섯 처녀처럼 하나님의 때를 고대하며 준비하는 삶을 살아야 합니다. 실망하거나 좌절할 필요가 없습니다. 세상의 권력 앞에 굴복할 필요도 없습니다. 부정한 방법으로 성공하려고 애쓸 필요도 없습니다. 세상의 모든 힘과 권력은 하나님이 정한 때까지 잠시 번성하며 곧 끝날 것이기 때문입니다. 하나님을 바라보는 사람은 소망을 얻을 수가 있습니다.

둘째는 악의 세력이 강하더라도 하나님을 아는 백성이 승리할 것을 믿어야 합니다.

> 그가 또 언약을 배반하고 악행 하는 자를 속임수로 타락시킬 것이나 오직 자기의 하나님을 아는 백성은 강하여 용맹을 떨치리라 (단11:32)

세상은 물질과 권력에 의지하며 속이고 거짓말하며 살아가지만, 최후의 승리자는 하나님의 말씀을 따라 살아가는 믿음의 백성들입니다. 이런 사람들을 하나님을 아는 백성이라고 합니다. 하나님을 안다는 것은 하나님을 경험한다는 말입니다. 즉 삶의 체험으로 하나님의 성품을 알고, 하나님의 능력을 확신한다는 것입니다. 하나님을 체험한 사람은 결코 세상을 의지하지 않습니다. 믿음을 잃고 변절하지 않습니다. 어떤 환난에서도 쓰러지지 않습니다. 끝까지 하나님을 바라봅니다. 끝까지 하나님을 바라보는 자는 악한 길로 가지 않습니다. 늘 마음의 위로를 얻습니다. 결국 하나님께서 이루시려는 아름다운 뜻을 이루게 되는 것입니다. 이 땅에서 물질과 쾌락을 누리는 사람이 승리자가 아닙니다. 하나님께서 우리에게 목적하신 뜻을 이루는 사람이 승리자입니다. 최종적으로 우리의 삶을 평가하실 분은 하나님이심을 기억해야 합니다. 우리의 삶의 기준은 세상의 정욕과 이생의 자랑에 있는 것이 아니라, 하나님께 있습니다. 하나님 앞에서 최후의 승리자로 인정되는 삶을 소망해야 하는 이유가 바로 여기에 있습니다.

셋째는 악의 세력은 분명히 멸망한다는 것입니다. 세상의 나라가 아무리 찬란하고 문화가 꽃을 피우고 강성하여도 끝이 이르렀을 때 도와줄 자가 없으므로 멸망하고 맙니다.

> 그가 장막 궁전을 바다와 영화롭고 거룩한 산 사이에 세울 것이나 그의 종말이 이르리니 도와줄 자가 없으리라 (단 11:45)

이 세상은 하나님이 주관하십니다. 잠시 악의 세력이 활개를 치고 다닐 것이지만, 역사의 끝에는 하나님의 심판이 있습니다. 어떤 인생도 하나님께서 돕지 않으시면 아무 것도 이룰 수 없습니다. 악의 세력을 동경하지 말아야 합니다. 그들은 결국 멸망하고 그들을 동경하는 자들도 다 멸망합니다. 세상을 동경하다가 소금 기둥이 된 롯의 처를 기억할 필요가 있습니다. 세상의 악의 세력이 망할 때, 우리는 승리의 찬가를 부를 수 있는 백성이 되기 위해 인내하고 주님을 따라야 할 것입니다.

역사는 결국 하나님의 뜻대로 진행되어 갑니다. 하나님을 바라보며 하나님의 뜻대로 순종하는 사람만이 역사의 주인공이 될 수 있습니다. 역사는 영웅호걸들이 만든 것이 아닙니다. 세상의 영웅들은 결국 인생의 허망함만을 보여주고 있다는 것을 기억하십시오. 징기스칸은 세계를 정복했지만, 지금은 허망한 결과만이 초라하게 남아 있습니다. 하지만 다니엘과 같이 하나님 나라를 위해 열심을 다했던 수많은 믿음의 주인공들은 위대한 믿음의 삶으로 믿음의 후손들에게 영향을 미치고 있습니다. 당신의 삶이 어떤 삶으로 기억되길 원하십니까? 위대한 삶으로 기억되길 원하십니까? 그 시작은 하나님 중심의 역사관을 갖는 데 있습니다.

14
이 시대의 진정한 스타가 되라

지혜 있는 자는 궁창의 빛과 같이 빛날 것이요
많은 사람을 옳은 데로 돌아오게 한 자는
별과 같이 영원토록 빛나리라 (단 12:3)

이 시대는 이른바 스타의 시대입니다. 스포츠, 연예, 정치, 경제의 분야에 이르기까지 이 시대는 수많은 스타들을 배출하고, 그들의 엄청난 영향력 가운데 움직이고 있는 것처럼 보입니다. 실로 스타들의 영향력은 대단합니다. 스타들을 모르는 사람이 없습니다. 그들의 말은 유행어가 됩니다. 그들의 패션을 모든 사람들이 따라합니다. 그들의 말 한마디는 방송을 타고 모든 사람들에게 알려집니다.

이렇게 스타들의 영향력이 대단해지다보니 스타들을 기획하고 만들어내는 기업도 많이 생겨났습니다. 스타들을 기획하고 만들어 내는 사업과 그것에서 파생되는 경제적 가치도 엄청납니다. 스타 한 사람이 기업이라고 일컬어질 만큼 엄청난 부가가치를 만들어내기도 합니다. 사람들은 매스컴을 통해 스타들을 만나고, 자신들도 스타가 되고 싶어 합니다. 이 때문에 사람들은 스타들을 모방합니다. 때로 사람들은 자신들의 삶보다 스타들의 삶에 더욱 관심을 가지며, 스타들의 행동 하나 하나가 가족이나 자신의 일보다도 중요한 것이 되기도 합니다. 스스로 스타가 되고자 하는 자신의 꿈을 실현하기 어렵다고 생각하는 사람들은 자신들의 소망을 자신이 좋아하는 스타에게 투사합니다. 이럴 때 스타들은 사람들의 위안이 되며 삶의 기쁨이 되기도 합니다. 사람들은 스타에게서 자신들의 존재감을 얻습니다. 스타의 팬클럽 회원이 된다는 것은 그러한 존재감을 얻는 좋은 방법이 됩니다.

현대 사회에서 이렇게 세계적인 영향력을 가진 스타들이 배출될 수 있는 것은 모두 TV나 인터넷과 같은 매스미디어 때문입니다. 스타와 매스미디어는 서로를 보호하면서 공존합니다. 그둘은 서로에게 막대한 금전적 가치를 창출해 주는 동시에 서로가 몰락하지 않도록 든든한 지지대의 역할을 하고 있습니다. 스타와 매스미디어는 서로의 가치를 엄청나게 확대해주고 있습니다. 사람들은 그렇게 확대된 그들의 가치를 만나게 되는 것입니다.

대중문화의 핵이라고 할 수 있는 스타를 둘러싼 열광과 갈망은 그리스 · 로마의 신화를 뛰어넘는 현대사회의 전형적 신화이며 대중적인 우상숭배 현상으로까지 나타나고 있습니다. 프랑스의 사회학자이며 세계적 대(大)석학인 '에드가 모랭'은 스타와 이미지 산업에 대한 저서 중 가장 통찰력이 있는 고전으로 꼽히는 '스타'라는 책을 저술하였습니다. 이 책에서 그는 매스미디어와 할리우드 영화산업이 스타 자체를 상품화하는 과정을 고찰하면서 '현대에 스타는 반신(半神)이 되었다'고 말합니다. 그리스·로마 시대에 신들이 인간과 신들의 모습을 동시에 가지고 있으면서 인간들의 숭배를 받고 동경의 대상이 되었던 것처럼, 현대의 스타들은 반은 인간, 반은 신적인 모습을 가지고 사람들의 숭배의 대상이 되고 있는 것입니다.

인류 역사에서 확인할 수 있는 것이지만, 우상은 대중에게 거짓 평안을 베풀고, 대중의 삶을 망가뜨리는 역할을 하게 됩니다. 술과 마약이 그것을 갈망하는 사람에게 잠시의 위로를 베풀지만, 장기적으로는 삶을 망가뜨리는 것처럼 말입니다.

소설가 송경아는 "사실 스타를 숭배하는 사람들에게 스타가 사는 세계란 현실 세계와는 다른 별천지이고 지상을 초월한 낙원이며, 마약과 같은 몰아의 쾌감이 존재하는 곳이다. 스타를 숭배하는 개인은 같은 스타를 숭배하는 사람들 사이에서 고립감을 잊고 단체 속에 용해된다. 스타 숭배자들은 스타가 추락하지 않도록 쓸 돈을 받쳐주고, 스타는 스타 숭배자들이 외로운 개인으로 남지 않도록 해준다. 스타가 쓰던 물건은 성물(聖物)이 되고, 스타는 행복으로 충만한 천국을 상징하게 된다"라고 말합니다.

과연 정신적으로 의지할 곳이 필요한 현대인들은 이러한 스타에 대한 숭배를 포기하기 힘들 것입니다. 스타 자체가 의사소통의 코드가 되고, 자신의 정체성을 대신하는 엠블럼이 되고, 스타 숭배 집단이 외로운 현대인들에게 공동체를 제공하기 때문에, 현대인들에게 있어서 스타는 점점 더 높은 성을 쌓고 신과 같은 생활을 해야 하는 존재가 되어 가고 있습니다.

이 시대의 스타가 진정한 스타인가?

우리는 이 시대의 스타의 본질을 생각해 보아야 합니다. 수많은 유명인들이 TV에 출연하여, 서로를 스타라고 부르고 있습니다. 그들은 어떻게 스타가 되고 있습니까? 현대의 유명한 스타들은 스타가 되기 위해 많은 노력을 기울입니다. 그들은 스스로를 엄청난 상품으로 만들기 위해 자신들의 재능을 연마하며 그야말로 뼈를 깎는 아픔을 견디기도 합니다. 그런 면에서 그들은 대단히 존경할 만합니다. 스포츠 스타들은 스타가 되기 위해 엄청난 훈련을 감수하며 때로는 금지된 약물을 복용하고 시술을 받기도 합니다. 연예계 스타들은 멋진 근육질 몸매와 아름다운 각선미, 탁월한 미모를 갖추기 위해 온갖 어려운 과정을 감수합니다. 그들은 자신의 모든 스케줄을 기획사에 맡기고 고도로 절제된 이미지 관리와 상품화 과정을 감수합니다. 엄청나게 바쁜 일정들을 소화하면서 자신들의 학업과 모든 것들을 희생하여 대중적 스타가 되기 위해 노력합니다. 정치계와 경제계, 심지어는 종교계에 이르기까지 각 분야에 스타가 된 사람들의 노력을 생각하면 그들은 가히 초인적이라 할 수 있습니다.

그러나 현대의 스타들을 진정한 스타라고 이야기할 수 없습니다. 그 이유는 먼저 그들이 원하는 것이 인기와 숭배이기 때문입니다. 그들은 인기와 숭배라는 자신의 욕망을 채우기 위해 움직인다는 점에서 다른 사람들과 똑같습니다. 그들의 삶의 이유는 자신에게 있습니다. 그들의 피나는 노력과 일에 대한 헌신도 모두 그들 자신의 욕망을 위한 것일 뿐입니다. 하나님이 아닌 우상이 그렇듯이 그들은 아무도 다른 이들을 진정으로 변화시키지 못합니다. 그들은 대중에게 마약과 같은 위로를 주지만, 마약이 치료약이 아닌 것처럼 그들이 주는 위로는 결코 사람들을 옳은 길로 인도하지 못합니다. 그들은 사람들에게 위로를 주고 도움을 주는 것처럼 보이지만, 실제로는 사람들을 더욱 치료될 수 없는 상태로 만들어 갈 뿐입니다. 현대의 스타에게서 전인적이고 영적인 해결책을 받아 인생을 새롭게 설계하는 사람은 없습니다. 사람들은 그저 스타가 주는 위로에 매료될 뿐입니다. 스타 자신도 위로에 목마르고, 영적으로 공허한 존재에 불과합니다.

그들이 진정한 스타가 될 수 없는 두 번째 이유는 그들의 대중적 생명력이 오래가지 못한다는 사실입니다. 이 시대 스타들은 사람들의 감각을 자극하지만, 사람들의 영혼을 변화시키지 못합니다. 사람들의 감각을 자극하는 이 시대의 스타들은 사람들의 진정한 내적 필요를 채우지 못하기 때문에 사람들은 결국 스타에게 싫증을 느낍니다. 따라서 스타의 생명력이 짧은 것입니다. 감각의 자극은 더욱 강한 자극을 요구하고, 이전의 스타는 새로운 스타로 대체됩니다. 스타들은 더욱 강한 감각적 자극을 주기 위하여 노력하지만, 결국은 대중들에게 버려집니다. 바로 무관심이라는 무시무시한 결과가 효용이 사라진 스타들에게 주어지는 것입니다. 평범한 사람들을 스타로 만들었던 매스미디어는 그들을 언급하지 않는 방법으로 간단히 폐기처분합니다. 현대의 스타들은 사람들의 삶에 진정한 변화를 주지 못하기 때문에 사람들은 곧 다른 우상을 찾게 됩니다. 현실을 잊게 만드는 다른 진통제가 나오면 기존의 스타들은 사라지는 것입니다. 이것은 스타들이 노력하지 않기 때문이 아니라, 이 사회의 스타들은 결국 진정한 변화를 줄 수 없는 평범하다 못해 추악한 모습을 가지고 있는 인간이기 때문입니다. 현대의 스타들은 사람들이 필요로 하는 영적인 필요를 채우지 못합니다. 그들은 자신들을 일시적으로 숭배하는 사람들의 필요를 채워주지 못하는 신기루와 같은 존재이므로 결국 헛된 것입니다.

이 시대의 진정한 스타가 되라

그렇다면 진정한 스타란 누구입니까? 이 시대의 스타가 진정한 스타일 수 없는 것은 그들이 자신의 욕망을 채우기 위하여 살아가는 사람에 불과하며, 그들이 주는 위로가 사람들의 삶을 바꿀 수 없을 뿐만 아니라 사람들의 삶을 더욱 망가뜨리는 결과를 초래하기 때문입니다. 스타를 숭배하는 사람은 결국 자신이 따르던 스타가 자신과 같은 사람이라는 것을 발견하게 되며, 스타를 따르며 사는 과정에서 자신의 삶에 아무 변화와 발전이 없었다는 것을 깨닫게 될 뿐입니다.

우리는 이 시대의 진정한 스타가 되어야 합니다. 다니엘 12장은 세상의 끝에 대해서 계속해서 말씀하면서 누가 진정한 스타인지 가르쳐주고 있습니다. 하나님께서 다니엘에게 주셨던 하나님 나라와 세상의 끝에 대한 계시의 결론입니다. 이 말씀은 '천이백구십 일'과 '천삼백삼십오 일'로 상징되는 환난의 시기에 대해서 이야기 하면서, 마지막에 영광을 얻을 사람을 이야기하고 있습니다. 환난의 시기를 이기고 마지막에 영광을 얻을 사람은 '책에 기록된 모든 자'이며, '깨어나 영생을 받는 자'이며, '스스로 정결하게 하며 희게 할 사람'이며, '기다려서 천삼백삼십오 일까지 이르는 사람'입니다.

이 시대의 진정한 스타는 바로 사람들에게 지혜를 전파하며, 사람들을 옳은 데로 이끄는 사람입니다. 육체의 욕망을 좇도록 만드는 이 세상의 스타와 대조되는 사람, 즉 하나님의 말씀으로 영적인 지혜를 전파하며 사람들의 삶에 진정으로 필요한 영적 평안과 위로를 주는 사람이 바로 진정한 스타인 것입니다. 세상의 마지막 때에 진정으로 빛날 스타는 바로 하나님을 경외하고 또한 많은 사람을 진리의 길로 돌아오게 하는 사람이라는 것입니다.

> 지혜 있는 자는 궁창의 빛과 같이 빛날 것이요 많은 사람을 옳은 데로 돌아오게
> 한 자는 별과 같이 영원토록 빛나리라 (단 12:3)

지혜 있는 자란 모든 지혜의 원천이신 하나님을 경외하는 사람을 말하는 것이고, 많은 사람을 옳은 데로 돌아오게 한 자란 다른 사람들을 예수 그리스도께로 인도하고 진정한 삶의 변화를 가능하게 하는 사람을 말하는 것입니다. 다니엘 말씀은 영혼들의 진정한 삶의 변화를 가능하게 하는 영적 선도자를 진정한 스타라고 말하고 있습니다.

진정한 스타는 자신의 욕망을 버리고 예수님과 같이 다른 이들을 섬기며 그들을 위해 희생하는 사람입니다. 진정한 스타는 잠시 인기를 누리는 사람이 아니라, 다니엘과 같이 사도바울과 같이 영원히 영적인 가르침을 남기는 사람입니다. 하나님을 경외하고 사람들의 영혼을 변화시키는 성도가 바로 이 시대의 진정한 스타입니다. 진정한 스타는 사탄이 일으키는 말세의 환난에 고통당하지만, 하나님을 경외하면서 인내합니다. 진정한 스타는 사람들의 영적 필요를 바라보고 긍휼히 여기며 하

나님의 복음을 전하려는 마음을 가지고 있습니다. 성경은 이러한 스타가 영원토록 하늘의 별과 같이 빛날 것이라고 말합니다. 잠시 빛나는 것처럼 보이다 사라지는 현대의 스타들, 진정한 변화를 줄 수 없이 감각만 자극하는 현대의 스타들은 결코 이 시대의 스타일 수 없다는 것이 분명해 집니다. 영혼을 변화시키는 사람이 이 시대의 수많은 불쌍한 영혼들에게 필요한 것을 공급하며, 역사를 새롭게 써 나갈 진정한 스타인 것입니다.

우리는 성경 말씀을 통해 진정한 스타들을 많이 만납니다. 자신의 모든 보화와 보장된 권력과 지위를 버리고 하나님의 백성을 위해 고난의 길을 택한 모세는 하나님이 택한 민족을 구원해 내는 역사의 한 페이지를 장식한 진정한 스타였습니다. 아무도 알아주지 않는 목동으로 살았으나 진정한 믿음으로 골리앗을 이기고, 하나님께서 원하시는 나라를 세워갔던 다윗은 인류 역사에 영원히 빛날 스타입니다. 예수 그리스도를 만나고 자신의 모든 것을 주님을 위해 사용하여 많은 성경 말씀과 선교의 열매들을 남겼던 선교의 아버지 바울은 역사를 가장 크게 바꾼 스타였습니다. 영광된 길을 버리고 낮고 천한 죄인의 길에서 스스로 십자가의 길을 선택하셔서 우리 모두의 삶에 소망과 빛이 되신 그리스도야말로 시대를 초월한 진정한 슈퍼스타입니다.

우리는 이 시대 진정한 스타가 되기를 소망해야 합니다. 갈 길을 잃고 방황하는 이 시대는 너무나 절실히 진정한 스타를 요청하고 있습니다.

우리는 그 동안 스타가 되고 싶은 소망이 있었으나 진정한 스타가 무엇인지 모르고 살아 왔으며, 스타가 되기 위한 삶의 노력을 경주하지 않고 그저 세상의 스타들만 동경해 왔습니다. 이제 진정한 스타가 되고자 하는 소망이 생겼다면, 우리는 지금부터 스스로를 변화시켜야 할 필요가 있습니다. 진정한 스타가 되려면 대가를 치러야 합니다. 이 시대의 스타들이 대중의 인기를 얻으려고 노력하는 것 이상으로 우리는 영적인 스타가 되기 위하여 영적인 노력을 경주해야 합니다.

하정완 목사님의 〈청년〉이라는 책에 나오는 이야기입니다. 중세 시대에 봉건 군주 레이몬드 3세가 살았습니다. 그가 통치하던 기간에 그의 친동생이 쿠데타를 일으켜 정권을 잡고, 형을 죽일 수 없어서 감옥에 가두었습니다. 동생은 감옥의 문을 특이하게 작게 만들었습니다. 식성이 좋고 몸이 뚱뚱했던 형 레이몬드는 살을 빼야만 감옥을 나갈 수 있었습니다. 동생은 형에게 날마다 맛있는 음식을 제공했습니다. 동생은 형을 대접하는 것처럼 보이는 동시에 도망가지 못하게 하는 일석이조의 효과를 노렸던 것입니다. 형 레이몬드는 감옥에서 나가려고 시도했지만 식욕과 안일함의 노예가 되어서 결국 감옥에서 죽게 되었습니다. 그는 감옥에서 나갈 수 있도록 스스로를 변화시키는 일에 실패했던 것입니다.

우리가 진정한 스타를 꿈꾼다 할지라도 현재의 삶에서 변화의 노력을 경주하고 새롭게 자신을 만들어가지 않으면, 우리는 육체적으로 나태함의 노예가 되어서 아무 것도 남기지 못하는 사람으로 전락하게 됩니다. 우리는 진정한 스타가 되기 위한 꿈과 비전을 스스로의 마음에 심어야 합니다. 비전을 이루기 위한 결단을 이제 일상에서 실천하고, 스타가 되기 위한 하루하루의 고된 노력을 이겨내고 꾸준히 자신을 진정한 스타로 만들어가야 합니다. 스타는 하루아침에 되는 것이 아닙니다. 우리에게는 혁명적인 변화가 필요합니다.

'만일 네 오른 눈이 너로 실족하게 하거든 빼어 내버리라 네 백체 중 하나가 없어지고 온 몸이 지옥에 던져지지 않는 것이 유익하며, 또한 만일 네 오른손이 너로 실족하게 하거든 찍어 내버리라 네 백체 중 하나가 없어지고 온 몸이 지옥에 던져지지 않는 것이 유익하니라 (마 5:29~30)

예수님께서는 이렇게 강력한 말씀으로 우리에게 변화를 촉구하고 계십니다. 우리 모두 이 시대를 아름답게 하기 위하여 진정한 스타가 되기를 소망합시다. 하나님께서 원하시는 진정한 스타로 자신을 가꾸어 나갑시다. 육체의 욕심과 유혹들을 제거하고, 말씀과 기도와 복음 전파를 훈련하여 절제된 삶으로 우리의 삶을 새롭게 바꾸어 나갑시다.

이기기를 다투는 자마다 모든 일에 절제하나니 그들은 썩을 승리자의 관을 얻고자 하되 우리는 썩지 아니할 것을 얻고자 하노라 (고전 9:25)

육체의 욕심을 제거하지 못하고, 어찌 남을 옳은 곳으로 인도하는 스타가 될 수 있습니까? 먹는 것 하나 절제하지 못하고 육체적 유혹 하나끊어내지 못하면, 어찌 진정한 스타가 되겠습니까? 결심한 대로 제대로 실천하지 못하면서 어찌 진정한 스타가 될 수 있겠습니까? 우리 모두 하나님 앞에서 진정한 스타가 되기 위해 결단하고 이 시대를 선도하는 영적 스타가 되기 위하여 부단히 준비해야 할 것입니다. 진정한 스타가 되기 위한 우리의 진실한 노력 위에 하나님의 동행하심이 더해져 우리를 하늘의 별과 같이 빛나는 진정한 스타가 되게 하실 날을 기대해 봅니다.

15
멋진 인생의 완성

그런즉 왕이여 내가 아뢰는 것을 받으시고 공의를 행함으로
죄를 사하고 가난한 자를 긍휼히 여김으로 죄악을 사하소서 그리하시면
왕의 평안함이 혹시 장구하리이다 하니라 (단 4:27)

우리는 지금까지 다니엘을 통해 멋진 믿음을 배웠습니다. 멋진 믿음을 소유한 다니엘은 그 믿음을 따라 어려운 삶의 모든 과정을 통과했으며 그 결과 멋진 인생의 모범이 되었습니다. 우리 모두는 멋진 인생을 소망합니다. 멋진 인생은 멋진 믿음이 매일의 삶에 투영된 결과물입니다. 한 때의 성공으로, 한 때의 운으로 멋진 인생을 얻을 수는 없는 것입니다.

하지만 성경에는 멋진 믿음으로 출발하여 훌륭한 삶을 살았지만 멋진 인생으로 기억되지 못한 인생의 예가 많이 나오고 있습니다. 그 중 가장 대표적인 사람은 바로 웃시야라는 왕입니다. 웃시야 왕은 유다의 10대 왕으로 B.C. 791~739년까지 통치하였습니다. 그는 16세 때에 왕위에 올라 하나님의 뜻을 구하며 정치를 시작했습니다. 그의 믿음은 매

우 모범적이었습니다. 언제나 하나님의 뜻을 앞세워 일하던 사람이었습니다. 웃시야가 통치를 시작할 당시는 가나안 북방의 앗수르가 아람을 공격하며 그 세력을 견제하던 시기로, 상대적으로 가나안 땅은 정치적으로 매우 안정된 시기였습니다. 이와 같은 정치적 호황기를 맞아 북왕국 여로보암과 남유다 웃시야 왕은 활발한 정복 전쟁에 의해 솔로몬 때만큼 이스라엘 영토를 확장할 수 있었습니다. 동시에 암몬과 모압 등을 제압함으로써 국제적인 지위 향상과 경제적 번영을 누릴 수 있었습니다. 그는 평소에 망대를 세우고, 병력들을 정비하는 등 열심히 나라를 위해 일하며, 하나님의 백성들이 평안을 누리는 나라를 만들기 위해 애썼습니다.

하지만 그는 훌륭한 인생으로 기억되지 못합니다. 그 이유는 나라가 강성해진 이후에 그가 교만하여 하나님의 진노를 불러 일으켰기 때문입니다. 그는 교만하여 자신의 직책을 넘어서 제사장의 직분을 침해하고, 스스로 하나님께 제사드리려 했습니다.

저가 강성하여지매 그의 마음이 교만하여 악을 행하여 그의 하나님 여호와께 범죄하되 곧 여호와의 성전에 들어가서 향단에 분향하려 한지라 (대하 26:16)

그는 결국 자신의 성공에 도취되어 교만하여졌고, 하나님을 두려워하지 않고 오히려 하나님의 말씀을 경솔히 여겼습니다. 하나님께서 자신에게 왕의 지위를 주셨고, 하나님께서 자신의 나라를 강하게 하셨다는 생각을 잊었던 것입니다. 그 결과 그는 문둥병에 걸리게 되었습니다.

우리는 문둥병을 저주의 오멘으로 이해할 필요가 없습니다. 문둥병은 하나님을 잊어버린 웃시야 왕에게 다시금 하나님을 기억하게 하려는 조치였을 뿐입니다. 웃시야는 평생을 하나님의 말씀에 따라 믿음 안에서 살았지만, 결국 멋진 인생을 완성하는 데 실패했습니다. 그의 인생에는 마침표 대신에 물음표가 찍히고 말았습니다.

웃시야의 예에서 볼 수 있듯이 멋진 인생의 완성을 위해서 교만을 피해야 합니다. 교만은 하나님을 잊는 데서 나옵니다. 지혜는 하나님의 거룩하신 성품을 기억하고 그 분을 경외하는 데서 나옵니다. 반대로 어리석음은 하나님을 기억하지 못하고, 자신을 높이려는 데서 오는 것입니다.

교만은 패망의 선봉이요 거만한 마음은 넘어짐의 앞잡이니라 (잠 16:18)

우리가 끝까지 하나님 앞에서 멋진 인생의 마침표를 찍으려면 교만을 가장 경계해야 한다는 것입니다.

느부갓네살의 꿈

느부갓네살은 엄청난 업적을 이룬 대제국의 왕이었습니다. 그는 강력한 애굽의 군대를 무찌르고 수리아와 팔레스타인의 주도권을 획득하였으며, 유다를 멸망시켰습니다. 그는 자신의 신을 위해 신전과 엄청난 건축물들을 세웠던 왕입니다. 다니엘 4장은 그에게 주어진 꿈을 통해 하나님께서 그의 교만을 지적하고, 하나님께서 모든 것의 주관자 되심을 보여주는 말씀입니다.

느부갓네살의 꿈은 이렇습니다. 땅의 중앙에 한 나무가 있었습니다. 이 나무는 매우 높았고, 견고하게 자라 높이는 하늘에 닿았습니다. 그 모양이 땅 끝에서도 보였습니다. 육체를 가진 모든 것이 나무에서 먹을 것을 얻을 수 있었습니다. 이 나무야말로 이 세상에서 가장 크고 높고 많은 힘을 가진 사람을 상징하고 있습니다. 성공한 인생, 많은 업적을 이룬 위대한 인생을 말하고 있는 것입니다.

꿈은 이어서 하늘에서 한 순찰자가 내려오는 것을 묘사하고 있습니다. 그 순찰자는 온 세상을 살피시는 '한 거룩한 자'입니다. 그가 하늘에서 내려와서 소리칩니다. 하늘까지 닿은 그 나무를 베고, 가지를 자르고, 잎사귀를 떨고, 열매를 헤치고, 짐승들을 그 아래에서 떠나게 하고, 새들을 그 가지에서 쫓아내라고 말입니다. 결국 순찰자이신 하나님께서는 가장 위대한 인생으로 추앙받던 왕을 폐하여 버리신다는 내용입니다. 그 이유는 무엇입니까?

이는 순찰자들의 명령대로요 거룩한 자들의 말대로이니 지극히 높으신 이가 사람의 나라를 다스리시며 자기의 뜻대로 그것을 누구에게든지 주시며 또 지극히 천한 자를 그 위에 세우시는 줄을 사람들이 알게 하려 함이라 하였느니라 (단 4:17)

높은 나무가 베어진 이유는 온 세상을 다스리는 자가 누구인 줄 알게 하려는 것입니다. 높은 나무는 교만하여 세상을 누가 다스리는지 잘 몰랐다는 것입니다. 더 정확히 말하면 지극히 높으신 이가 세상을 다스리고 계시는데, 높은 나무는 스스로 자신이 온 세상을 다스린다고 생각했다는 것입니다. 그 나무 때문에 많은 짐승들과 새들도 누가 세상을 다스리는지 깨닫지 못했다는 것입니다. 하나님께서는 이 꿈을 통해 느부갓네살과 온 세상 사람들이 한 가지 사실을 분명히 알게 되기를 소망하고 계십니다. 바로 온 세상을 주관하시는 유일하신 분은 하나님 아버지라는 것입니다.

하나님의 주권을 인정하라

믿음 생활의 핵심은 하나님께서 모든 것의 주인 되시며, 모든 일의 주관자 되심을 인정하는 것입니다. 인생은 열심히 노력하는 것으로 완성되지 않습니다. 열심히 노력하여 하나님께서 주신 축복을 얻은 후에도, 계속해서 모든 것을 하나님의 것으로 인정하며 사용할 때 멋진 인생이 완성되는 것입니다. 크게 성공하였으나 하나님께 버림받은 느부갓네살을 통해 우리는 하나님의 주권을 인정하는 것이 얼마나 중요한 것인지를 깨닫습니다. 하나님의 주권을 인정하지 않는 자는 하나님께서 반드시 폐하십니다. 그 이유는 앞에서도 보았듯이 하나님께서 모든 것의 주관자가 되심을 보이시려 하시기 때문입니다.

> 또 그들이 그 나무뿌리의 그루터기를 남겨 두라 하였은즉 하나님이 다스리시는 줄을 왕이 깨달은 후에야 왕의 나라가 견고하여지리라 (단 4:26)

결국 느부갓네살이 아무리 천하를 호령하는 왕이라도, 하나님의 주권을 인정하지 않으면 실패한 인생으로 끝나게 된다는 것입니다. 만약 그가 하나님의 주권을 인정하고 살아가면, 하나님께서는 그의 인생을 축복하신다는 것입니다. 우리는 삶에서 하나님의 주권을 인정해야 합니다. 하나님의 주권을 인정하는 것은 무엇입니까?

> 그런즉 왕이여 내가 아뢰는 것을 받으시고 공의를 행함으로 죄를 사하고 가난한 자를 긍휼히 여김으로 죄악을 사하소서 그리하시면 왕의 평안함이 혹시 장구하리이다 하시니 (단 4:27)

바로 공의를 행하고 가난한 자를 긍휼히 여기는 것이 하나님의 주권을 인정하는 것입니다. 하나님의 통치에 순종하며 거짓을 버리고 정직하게 살아가는 것, 자기의 것이 아니면 취하지 않는 것이 바로 공의를 행하는 것입니다. 잘못된 방법으로 높은 지위에 오르지 않고, 하나님께서 자신에게 주신 지위에 충실하게 사는 것이 공의를 행하는 것입니다. 또한 우리에게 주어진 물질이 하나님의 것이므로 그것으로 나보다 어려운 이웃을 섬기는 것이 가난한 자를 긍휼히 여기는 것입니다. 좋은 이웃이 되며 늘 도와주려는 마음을 가지고 적극적으로 섬기는 삶을 사는 것이 가난한 자를 긍휼이 여기는 것입니다. 이러한 삶은 이 세상이 하나님의 주권 하에 있음을 인정할 때 가능합니다. 하나님의 주권을 인정하는 삶은 반드시 하나님 앞에서 겸손함의 열매를 가져옵니다. 그러한 겸손이 멋진 인생을 완성하는 것입니다.

나의 건강, 나의 경제적 수입, 나에게 주어진 시간은 모두 하나님의 것이므로 하나님의 뜻에 따라 사용해야 합니다. 그렇게 하지 않는 것은 하나님의 주권을 인정하지 않는 교만한 행동입니다. 그것이 바로 우리의 인생을 패망하게 만듭니다. 작은 것부터 하나님의 주권을 인정하는 것이 중요합니다. 우리는 흔히 교만은 높은 사람들에게만 일어난다고 생각합니다. 하지만 기본적으로 하나님의 주권을 인정하지 않는 삶은 모든 사람들에게서 나타납니다.

여러분은 하나님의 주권을 인정하고 살아가십니까? 하나님이 주신 시간을 하나님의 뜻대로 살아가고 계십니까? 하나님께서 주신 물질을 하나님의 뜻대로 사용하고 계십니까? 하나님께서는 교만하게 행하는 자를 능히 낮추십니다. 교만하게 행하는 자는 모든 것을 자기 것이라고 생각하고, 자기 것처럼 사용하는 자입니다. 나에게 주어진 재산과 시간과 자녀와 지위와 지식과 인간관계는 모두 하나님께서 주신 것입니다. 그것을 하나님께서 주셨고, 하나님의 뜻에 따라 사용해야 한다는 사실을 잊는 순간 우리는 교만의 덫에 걸리게 되는 것이며, 패망의 길을 따라 가게 되는 것입니다. 꼭 기억하십시오. 교만은 성공하기 위해 그 동안 쌓아왔던 모든 성취들을 한 번에 무너뜨리는 것입니다.

교만은 우리를 파멸시킵니다. 특히 영적으로 성공한 사람에게는 교만이라는 마지막 유혹이 찾아오게 마련입니다. 교만은 사탄의 마지막 무기입니다. 교만은 하나님 앞에서 동료 인간들 앞에서 인간을 파멸에 이르게 하는 가장 큰 시험입니다. 교만은 암과 같이 스스로 감지하기에 대단히 어렵다는 점에서 치명적입니다. 특히 교만은 스스로 성공했다고 생각하는 사람들에게 찾아오기 쉽다는 점에서 우리 그리스도인들이 멋진 인생을 완성하기 위해 가장 경계해야 할 적입니다. 교만을 이기기 위해서는 하나님의 말씀으로 자주 자신을 진단해 보아야 합니다. 겸손히 하나님의 주권을 인정하며, 하나님의 계획과 목적을 따라가면 결국 멋진 인생을 누리게 될 것입니다.